독자의 1초를 아껴주는 정성!

세상이 아무리 바쁘게 돌아가더라도

책까지 아무렇게나 빨리 만들 수는 없습니다.

인스턴트 식품 같은 책보다는

오래 익힌 술이나 장맛이 밴 책을 만들고 싶습니다.

길벗이지톡은 독자여러분이 우리를 믿는다고 할 때 가장 행복합니다.

나를 아껴주는 어학도서, 길벗이지톡의 책을 만나보십시오.

독자의 1초를 아껴주는 정성을 만나보십시오.

미리 책을 읽고 따라해본 2만 베타테스터 여러분과 무따기 체험단, 길벗스쿨 엄마 2% 기획단,

시나공 평가단, 토익 배틀, 대학생 기자단까지!

믿을 수 있는 책을 함께 만들어주신 독자 여러분께 감사드립니다.

....

(주)도서출판 길벗 www.gilbut.co.kr

길벗 이지톡 www.gilbut.co.kr

길벗 스쿨 www.gilbutschool.co

워밍업 ———	워밍업 ———	워밍업 ———	워밍업 ———	워밍업 ———
히리가나	카타카나	탁음과 반탁음	요음	촉음과 발음
유튜브 강의 ☐ 본 책 ☐ 쓰기노트 ☐	유튜브 강의 ☐ 본 책 ☐ 쓰기노트 ☐	유튜브 강의 ☐ 본 책 ☐ 쓰기노트 ☐	유튜브 강의 ☐ 본 책 ☐ 쓰기노트 ☐	유튜브 강의 ☐ 본 책 ☐
워밍업 ———	워밍업 ———	Unit 01 ———	Unit 02 ———	Unit 03 ———
장음	인사말	명사의 긍정	명사의 부정	가격 묻기 숫자 읽기
유튜브 강의 ☐ 본 책 ☐	유튜브 강의 ☐ 본 책 ☐	유튜브 강의 ☐ 본 책 ☐ 쓰기노트 ☐	유튜브 강의 ☐ 본 책 ☐ 쓰기노트 ☐	유튜브 강의 ☐ 본 책 ☐ 쓰기노트 ☐
Unit 04 ———	Unit 05 ———	Unit 06 ———	Unit 07 ———	Unit 08 ———
날짜 묻기 날짜 읽기	나이 묻기 나이 읽기	사람·동물·물건의 존재 표현	시간 묻기 시간 읽기	시간과 장소의 범위 한정 표현
유튜브 강의 ☐ 본 책 ☐ 쓰기노트 ☐	유튜브 강의 ☐ 본 책 ☐ 쓰기노트 ☐	유튜브 강의 ☐ 본 책 ☐ 쓰기노트 ☐	유튜브 강의 ☐ 본 책 ☐ 쓰기노트 ☐	유튜브 강의 ☐ 본 책 ☐ 쓰기노트 ☐
Unit 09 ———	Unit 10 ———	Unit 11 ———	Unit 12 ———	Unit 13 ———
명사의 과거	명사의 과거 부정	い형용사의 긍정	い형용사의 부정	い형용사의 과거
유튜브 강의 ☐ 본 책 ☐ 쓰기노트 ☐	유튜브 강의 ☐ 본 책 ☐ 쓰기노트 ☐	유튜브 강의 ☐ 본 책 ☐ 쓰기노트 ☐	유튜브 강의 ☐ 본 책 ☐ 쓰기노트 ☐	유튜브 강의 ☐ 본 책 ☐ 쓰기노트 ☐

전체 진도표를 참고하여 나만의 10시간 플랜을 짜보세요.
아래 표는 이 책의 유튜브 강의를 기준으로 나누었습니다.

Unit 14 ——— い형용사의 과거 부정	Unit 15 ——— い형용사의 명사 수식	Unit 16 ——— い형용사의 연결	Unit 17 ——— な형용사의 긍정	Unit 18 ——— な형용사의 부정
유튜브 강의☐ 본 책☐ 쓰기노트☐	유튜브 강의☐ 본 책☐ 쓰기노트☐	유튜브 강의☐ 본 책☐ 쓰기노트☐	유튜브 강의☐ 본 책☐ 쓰기노트☐	유튜브 강의☐ 본 책☐ 쓰기노트☐
Unit 19 ——— な형용사의 과거	Unit 20 ——— な형용사의 과거 부정	Unit 21 ——— な형용사의 명사 수식	Unit 22 ——— な형용사의 연결	Unit 23 ——— 동사의 종류와 필수 동사
유튜브 강의☐ 본 책☐ 쓰기노트☐	유튜브 강의☐ 본 책☐ 쓰기노트☐	유튜브 강의☐ 본 책☐ 쓰기노트☐	유튜브 강의☐ 본 책☐ 쓰기노트☐	유튜브 강의☐ 본 책☐ 쓰기노트☐
Unit 24 ——— 동사의 공손한 긍정	Unit 25 ——— 동사의 공손한 부정	Unit 26 ——— 동사의 공손한 과거	Unit 27 ——— 동사의 공손한 과거 부정	Unit 28 ——— 동사의 반말 부정
유튜브 강의☐ 본 책☐ 쓰기노트☐	유튜브 강의☐ 본 책☐ 쓰기노트☐	유튜브 강의☐ 본 책☐ 쓰기노트☐	유튜브 강의☐ 본 책☐ 쓰기노트☐	유튜브 강의☐ 본 책☐ 쓰기노트☐
Unit 29 ——— 동사의 반말 과거	Unit 30 ——— 동사의 연결			
유튜브 강의☐ 본 책☐ 쓰기노트☐	유튜브 강의☐ 본 책☐ 쓰기노트☐			

일본어 공부,
함께 시작해요!

내 눈높이에 딱! 가장 쉽고 빠르게 기초 일본어를 끝낸다!

유하다요의
10시간
일본어
첫걸음

전유하 지음

길벗
이지:톡

유하다요의 10시간 일본어 첫걸음

10 hours Japanese Conversation

초판 발행 · 2021년 2월 10일
초판 7쇄 발행 · 2023년 6월 10일

지은이 · 전유하(유하다요)
발행인 · 이종원
발행처 · (주)도서출판 길벗
브랜드 · 길벗이지톡
출판사 등록일 · 1990년 12월 24일
주소 · 서울시 마포구 월드컵로 10길 56(서교동)
대표 전화 · 02)332-0931 | **팩스** · 02)323-0586
홈페이지 · www.gilbut.co.kr | **이메일** · eztok@gilbut.co.kr

기획 및 책임 편집 · 오윤희(tahiti01@gilbut.co.kr) | **표지 디자인** · 강은경 | **본문 디자인** · 최주연 | **제작** · 이준호, 손일순, 이진혁, 김우식
마케팅 · 이수미, 최소영, 장봉석 | **영업관리** · 김명자, 심선숙 | **독자지원** · 윤정아, 최희창

편집진행 및 교정교열 · 이경숙 | **일러스트** · 최지예 | **전산편집** · 수(秀) 디자인 | **오디오녹음** · 와이알미디어
CTP 출력 및 인쇄 · 북토리 | **제본** · 금강제본

길벗이지톡은 길벗출판사의 성인어학서 출판 브랜드입니다.

ISBN 979-11-407-0463-7 03730
(길벗 도서번호 301167)

정가 19,000원

독자의 1초까지 아껴주는 정성 길벗출판사

(주)도서출판 길벗 | IT교육서, IT단행본, 경제경영서, 어학&실용서, 인문교양서, 자녀교육서 www.gilbut.co.kr
길벗스쿨 | 국어학습, 수학학습, 어린이교양, 주니어 어학학습, 학습단행본 www.gilbutschool.co.kr

쉽고 가볍게 시작하는 일본어 첫걸음!
유하다요와 함께해요!

일본은 지리적 위치상 한국과 가까워서 한 번쯤 방문할 확률이 높은 나라입니다. 게다가 여행, 영화, 드라마, 노래, 일본인 친구 등을 통해 간접적으로라도 일본어를 접하게 되면 어느 순간 일본어라는 언어의 매력에 끌리게 되죠. 또한 한국어와 어순은 물론, 발음마저 닮아 있다고 하니 한 번쯤 도전해 볼 만한 언어라는 생각에 이르게 됩니다.

그런데 이렇게 흥미가 생긴 일본어, 막상 나 홀로 시작하려니 어디서부터 어떻게 공부해야 할지 모르 겠습니다. 일본어를 잘하려면 지금 당장 무얼 해야 할까요? 어디에서 도움을 받고 정보를 얻어야 할 지 깜깜하고 막막하신 분들께 이 책이 한 줄기 빛이 되었으면 합니다. 이 책은 독학으로 기초를 쌓고 싶은 일본어 입문자를 위해 최대한 쉽고 부담 없이 공부할 수 있게 집필한 독학 첫걸음서입니다.

이 책의 목표는 일본어의 기초 완성입니다. 포기하지 않고 끝까지 달릴 수 있도록 군더더기는 다 빼 고 일본어 뼈대와 핵심만 깔끔하게 배울 수 있습니다. 또 내가 바로 써먹을 수 있는 단어와 표현으로 일본어를 즐겁게 익힐 수 있어요. 여기에 심혈을 기울여 제작한 37강의 무료 강의가 있어 혼자서도 어려움 없이 일본어를 공부할 수 있습니다.

기초를 마치고 중급으로 도약하기까지의 가장 큰 난관은 바로 일본어의 동사 파트인데요. 동사 파트 까지 순조롭게 학습할 수 있도록 '일본어의 문자＞명사＞い형용사＞な형용사＞동사'의 순으로 난 이도를 점점 높였습니다.

일본어라는 언어가 여러분의 인생을 바꿔 드릴 수 있다는 장담은 드릴 수 없습니다. 하지만 여러분이 고른 이 일본어라는 선택지는 여러분의 인생을 다양하게 빛나게 해 주는 하나의 선택지가 될 수 있 습니다. 세계로 나아가는 하나의 도구로서의 일본어, 그 시작을 유하다요와 함께해 주세요. 이 책을 통해 여러분이 스스로 고른 일본어라는 도구로 더욱 즐거운 인생을 경험하셨으면 합니다.

항상 감사합니다.

전유하(유하다요) 드림

이 책의 구성과 활용법

이 책은 일본어를 처음 시작하는 입문자를 대상으로 합니다. 크게 본책과 쓰기노트로 구성되어 있습니다.
본책은 워밍업(일본어 문자와 발음)과 PART 1~4(총 30 Unit)로 이루어져 있으며, 쓰기노트는 책 속의 책 형태로 편하게 활용할 수 있습니다.

본책

① QR코드 | 잠깐! 먼저 QR코드를 찍으세요. 동영상 강의를 열고 유하다요 선생님과 함께 공부를 시작합니다.

② 오늘의 포인트 | 꼭 알아야 할 문법 사항과 일본어 뼈대를 제시합니다.

③ 이런 말을 할 수 있어요 | 일상생활에서 바로 써먹을 수 있는 표현을 제시해 이 과의 목표를 명확히 보여 줍니다.

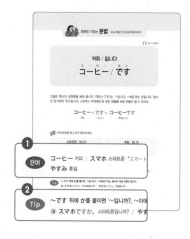

회화의 기초는 문법

일본어의 기본 뼈대를 익히는 코너입니다. 꼭 알아야 할 1~2개의 문법으로 이루어져 있습니다. 우리말과 일본어가 일대일 대응이 되는 구조를 바로 파악할 수 있도록 '/'로 표시했습니다.

① 단어 | 핵심 문장과 예문에 쓰인 단어를 꼼꼼하게 정리했습니다.

② Tip | 응용 방법이나 함께 알아두면 도움되는 관련 정보를 정리했습니다.

말문이 터지는 패턴 연습

앞서 배운 기본 뼈대에 단어를 바꿔 가며 말하는
연습을 합니다. 문장을 만들고 큰 소리로 읽어 보세요!

입에 착 붙는 회화

등장인물이 되어 회화를 연습해 봅니다. 우측 상단에
제시된 [회화 학습법]에 따라 mp3 파일을 들으면서
말하기 연습을 해 보세요!

❶ 표현 | 회화 문장 중에서 문법과 표현 설명이
필요한 부분을 뽑아 정리했습니다. 내 것이 될
수 있도록 반복해서 읽고 이해하세요.

❷ Plus | 회화 주제와 관련된 일본어와 일본 문화
에 대한 관련 정보를 정리했습니다.

마무리 연습문제

1번은 음성을 듣고 보기의 단어를 이용해 문장 완성하기, 2번은 주어진 단어를 이용해 문장을 쓰고 말해 보는 문제입니다.

일본어의 뼈대를 잘 익혔는지 문제를 풀면서 확인해 보세요!

주요 한자 :

PART 1~4까지 품사별 파트가 끝날 때마다 본문에 나온 한자 중 가장 중요한 8개의 한자를 골라 정리했습니다. 각 한자에 재미있는 스토리를 붙여 보다 쉽게 한자를 익힐 수 있습니다.

예습·복습용으로 다양하게 활용할 수 있는 쓰기노트입니다. '01 히라가나·카타카나 쓰기'와 '02 Unit 01~30 단어·문장 쓰기'로 구성되어 있습니다. 일본어 기본 문자의 정확한 필순도 익히고 본문에서 배운 내용을 가볍게 쓰면서 정리해 보세요!

01 히라가나·카타카나 쓰기

02 Unit 01~30 단어·문장 쓰기

* '히라가나·카타카나 쓰기'는 길벗 출판사 홈페이지에서 PDF로도 받을 수 있습니다.

차례

동영상 강의 보는 법 & mp3 파일 듣는 법

동영상 강의

❶ QR코드

각 과 도입부의 QR코드를 스캔하면 동영상 강의를 볼 수 있는 페이지로 연결됩니다.

❷ 유튜브 유하다요 채널

유튜브에서 '유하다요'를 검색하세요!

mp3 파일

❶ QR코드

각 과 도입부의 QR코드를 스캔하면 mp3 파일을 들을 수 있는 페이지로 연결됩니다.

❷ 길벗 홈페이지

홈페이지에서 도서명을 검색하면 mp3 파일 다운로드 및 바로 듣기가 가능합니다.

 일러두기

- 일본어 입문자가 좀 더 수월하게 일본어 글자에 익숙해질 수 있도록 Unit 01부터 Unit 07까지는 일본어에 한글 발음을 달았습니다. 한글 발음은 최대한 일본어 발음에 가깝게 싣고자 하였습니다.

- Unit 08부터 한자 표기를 병용하였고 한자 위에는 읽는 방법인 요미가나를 달았습니다. 갑자기 나오는 한자에 겁먹지 마시고 천천히 눈으로 익혀 보세요.

- 본래 일본어에는 띄어쓰기가 없습니다. 우리말과 달리 띄어쓰기가 없다 보니 입문자는 어디서 끊어 읽어야 할지 감을 잡기 힘들 수 있습니다. 이에 초반의 혼란을 방지하고 일본어 구조에 익숙해질 수 있도록 임의로 띄어쓰기를 넣었습니다.

일본어
문자와 발음

● 히라가나/카타카나 ●

청음, 탁음, 반탁음, 요음, 촉음 っ, 발음 ん, 장음

● 회화에서 가장 먼저 배우는 인사말 ●

책을 펼치고
동영상 강의를 보면서
학습을 시작합니다!

동영상 강의 보기   mp3 파일 듣기

히라가나

🎧 00-01.mp3

일본어를 배우려면 가장 먼저 히라가나부터 외워야 합니다. 히라가나는 일본어를 표기하는 가장 기본적인 문자로 우리말처럼 자음과 모음으로 이루어져 있어요. 자음은 あ행, か행과 같이 '행'이라고 하고, 모음은 あ단, い단처럼 '단'이라고 합니다

행＼단	あ단	い단	う단	え단	お단
あ행	あ [a 아]	い [i 이]	う [u 우]	え [e 에]	お [o 오]
か행	か [ka 카]	き [ki 키]	く [ku 쿠]	け [ke 케]	こ [ko 코]
さ행	さ [sa 사]	し [shi 시]	す [su 스]	せ [se 세]	そ [so 소]
た행	た [ta 타]	ち [chi 치]	つ [tsu 츠]	て [te 테]	と [to 토]
な행	な [na 나]	に [ni 니]	ぬ [nu 누]	ね [ne 네]	の [no 노]
は행	は [ha 하]	ひ [hi 히]	ふ [fu 후]	へ [he 헤]	ほ [ho 호]
ま행	ま [ma 마]	み [mi 미]	む [mu 무]	め [me 메]	も [mo 모]
や행	や [ya 야]		ゆ [yu 유]		よ [yo 요]
ら행	ら [ra 라]	り [ri 리]	る [ru 루]	れ [re 레]	ろ [ro 로]
わ행	わ [wa 와]				を [wo 오]
	ん [n 응]				

히라가나 다음으로는 카타카나를 외워야 합니다. 카타카나는 '스마트폰', '아이스크림' 등의 외래어와 의성어, 의태어를 표기할 때 사용하거나 말을 강조하고 싶을 때 사용하는데요. 많은 일본어 학습자들이 히라가나는 쉽게 외워도 카타카나 암기는 어려워합니다. 카타카나는 한꺼번에 다 외우려 하지 말고 본문에서 단어가 보일 때마다 그때그때 천천히 암기하세요.

행 \ 단	ア단	イ단	ウ단	エ단	オ단
ア행	ア [a 아]	イ [i 이]	ウ [u 우]	エ [e 에]	オ [o 오]
カ행	カ [ka 카]	キ [ki 키]	ク [ku 쿠]	ケ [ke 케]	コ [ko 코]
サ행	サ [sa 사]	シ [shi 시]	ス [su 스]	セ [se 세]	ソ [so 소]
タ행	タ [ta 타]	チ [chi 치]	ツ [tsu 츠]	テ [te 테]	ト [to 토]
ナ행	ナ [na 나]	ニ [ni 니]	ヌ [nu 누]	ネ [ne 네]	ノ [no 노]
ハ행	ハ [ha 하]	ヒ [hi 히]	フ [fu 후]	ヘ [he 헤]	ホ [ho 호]
マ행	マ [ma 마]	ミ [mi 미]	ム [mu 무]	メ [me 메]	モ [mo 모]
ヤ행	ヤ [ya 야]		ユ [yu 유]		ヨ [yo 요]
ラ행	ラ [ra 라]	リ [ri 리]	ル [ru 루]	レ [re 레]	ロ [ro 로]
ワ행	ワ [wa 와]				ヲ [wo 오]
	ン [n 응]				

1. 청음

🎧 00-03.mp3

'청음'은 '맑은 소리'라는 뜻으로 앞서 배운 히라가나의 기본 글자를 말합니다.

あ행 일본어의 기본 모음이며, 발음은 우리말 '아, 이, 우, 에, 오'와 비슷하지만 う의 발음에는 주의가 필요합니다. う의 발음은 우리말 '우'와 완벽히 일치하지 않고 '우'와 '으'의 중간 발음에 가깝습니다.

あ [아]	**あい** [아이] 사랑
い [이]	**いえ** [이에] 집
う [우*]	**うえ** [우에] 위
え [에]	**えき** [에끼] 역
お [오]	**あお** [아오] 파랑

* **헷갈리기 쉬운 모양이 비슷한 글자 あ, お**

　　お는 あ와 다르게 선이 일직선으로 떨어지며, 오른쪽 위에 삐침 표시가 있습니다. 잘 구별해야 해요.

か행

か가 단어의 맨 앞에 오면 우리말 '카, 키, 쿠, 케, 코'에 가깝고, 중간이나 끝에 오게 되면 '까, 끼, 꾸, 께, 꼬'에 가깝게 발음합니다. 예를 들면 일본어로 '가족'은 かぞく 인데요. 이때 맨 앞에 오는 か는 '카', 맨 끝의 く는 '꾸'에 가깝게 발음하여 '카조꾸' 라고 읽으면 자연스럽습니다.

か [카]	かお [카오] 얼굴
き [키]	あき [아끼] 가을
く [쿠]	くも [쿠모] 구름
け [케]	さけ [사께] 술
こ [코]	こえ [코에] 목소리

* **서체에 따라 모양이 약간 다른 글자 き**

き는 서체에 따라 두 가지 쓰는 방식이 있습니다. 글자가 위에서 아래로 내려올 때 선을 이어서 내리는 3획으로 쓰는 방법(き)과 위에서 아래로 내려올 때 한 번 펜을 끊고 여백을 둔 4획에 걸쳐 쓰는 방법(き)으로, 쓰는 방식은 다르지만 차이는 없습니다.

さ행 발음은 우리말 '사, 시, 스, 세, 소'와 비슷하지만 す의 발음에는 주의가 필요합니다. 우리말 '수'와 완벽히 일치하지 않고 '수와 '스'의 중간 발음에 가깝습니다.

さ
[사]

あさ [아사] 아침

し
[시]

しお [시오] 소금

す
[스*]

すし [스시] 초밥

せ
[세]

せき [세끼] 자리

そ
[소]

そら [소라] 하늘

* 서체에 따라 모양이 약간 다른 글자 さ, そ

さ와 そ는 서체에 따라 두 가지 쓰는 방식이 있습니다. さ의 경우, 위에서 아래로 내려올 때 이어서 내리는 2획에 걸친 방식(さ)과, 위에서 아래로 내릴 때 한 번 끊어서 3획으로 쓰는 방식(さ)이 있습니다. 또한 そ도 마찬가지로 글자를 1획으로 쓰는 방법(そ)과 2획에 걸쳐서 쓰는 방법(そ)이 있는데요. 쓰는 방식은 다르지만 차이는 없습니다.

た행 발음은 '타, 티, 투, 테, 토'가 아닌 '타, 치, 츠, 테, 토'입니다. 이때 つ의 발음은 우리 말 '추'와 '츠'의 중간 발음에 가깝게 소리납니다. 또한 た, て, と가 단어의 맨 앞에 오면 우리말 '타, 테, 토'에 가깝고, 중간이나 끝에 오게 되면 '따, 떼, 또'에 가깝게 발음합니다. 따라서 '세로'를 의미하는 일본어 たて를 발음할 경우, '타떼'라고 읽으면 자연스럽습니다.

た [타]	たこ [타꼬] 문어
ち [치*]	ちち [치찌] 아버지
つ [츠*]	つち [츠찌] 흙
て [테]	たて [타떼] 세로
と [토]	とし [토시] 도시

17

な행 발음은 우리말 '나, 니, 누, 네, 노'와 비슷하지만 ぬ의 발음에는 주의가 필요합니다. 우리말 '누'와 완벽히 일치하지 않고 '누'와 '느'의 중간 발음에 가깝게 발음해야 합니다.

な [나]	**なし** [나시] (먹는) 배
に [니]	**にく** [니꾸] 고기
ぬ [누*]	**いぬ** [이누] 개
ね [네]	**あね** [아네] 누나, 언니
の [노]	**のり** [노리] 김

발음은 우리말 '하, 히, 후, 헤, 호'와 비슷하지만 ふ의 발음에는 주의가 필요합니다. 우리말 '후'와 완벽히 일치하지 않고 '후'와 '흐'의 중간 발음에 가깝게 발음해야 해요. 그리고 '후'를 발음할 때에는 촛불을 끌 때 후후 바람을 불듯 약간의 바람 소리를 내야 합니다.

は
[하]

はな [하나] 꽃

ひ
[히]

ひと [히또] 사람

ふ
[후*]

ふね [후네] (타는) 배

へ
[헤]

へそ [헤소] 배꼽

ほ
[호]

ほし [호시] 별

발음은 우리말 '마, 미, 무, 메, 모'와 비슷하지만 む의 발음에는 주의가 필요합니다. 우리말 '무'와 완벽히 일치하지 않고 '무'와 '므'의 중간 발음에 가깝게 발음해야 합니다.

ま [마]	まめ [마메] 콩
み [미]	みみ [미미] 귀
む [무*]	むし [무시] 벌레
め [메]	ゆめ [유메] 꿈
も [모]	もも [모모] 복숭아

* 헷갈리기 쉬운 모양이 비슷한 글자 め, ぬ

  め는 ぬ와 닮았지만, め에는 ぬ에 있는 돼지 꼬리 모양이 없습니다. 잘 구별해서 외우도록 해요.

や행 발음은 우리말 '야, 유, 요'와 비슷하며, や행에는 세 글자만 있습니다.

や [야]	やま [야마] 산
ゆ [유]	ゆき [유끼] 눈
よ [요]	よる [요루] 밤

* 서체에 따라 모양이 약간 다른 글자 ゆ

ゆ는 서체에 따라 두 가지 쓰는 방식이 있습니다. 동그랗게 1획을 두른 후, 위에서 아래로 1획을 찍어 내리는 2획에 걸친 방식(ゆ)과, 동그랗게 모두 이어서 1획(ゆ)으로 끝내는 방식이 있는데요. 쓰는 방식은 다르지만 차이는 없습니다.

ら행 발음은 우리말 '라, 리, 루, 레, 로'와 비슷하지만 る의 발음에는 주의가 필요합니다. 우리말 '루'와 완벽히 일치하지 않고 '루'와 '르'의 중간 발음에 가깝게 발음해야 합니다.

ら [라]	らいねん [라이넹] 내년
り [리]	ひかり [히까리] (햇)빛
る [루*]	るす [루스] 부재중
れ [레]	れきし [레끼시] 역사
ろ [로]	いろ [이로] 색

＊ 헷갈리기 쉬운 모양이 비슷한 글자 い, り

い는 짧게 두 줄을 긋고, り는 세로로 길게 두 줄을 그어요. 짧으면 い, 길면 り라고 읽으면 됩니다.

わ행

발음은 우리말 '와, 오'와 비슷합니다. 또한 を는 앞에서 외운 あ행의 お와 발음이 같지만 쓰임새가 특별합니다. お가 여러 단어에 두루 쓰이는 데에 비해 を의 경우는 '〜을/를'이라는 뜻을 가진 조사로서만 쓰입니다.

わ
[와]

わに [와니] 악어

を
[오*]

テレビを みる [테레비오 미루]
텔레비전을 보다

* 헷갈리기 쉬운 모양이 비슷한 글자 お, を

둘 다 '오'라고 읽지만 쓰임새가 다릅니다. h에 c를 걸쳐 놓은 모양을 한 **を**는 조사로서 '〜을/를'이란 뜻으로만 쓰입니다.

ん

우리말의 받침과 같은 역할을 합니다. ん 바로 앞에 어떤 글자가 오느냐에 따라 ん의 발음은 네 가지(ㅇ, ㄴ, ㅁ, 콧소리)로 발음됩니다. 자세한 발음은 본문 p.31을 참조하여 학습하세요.

ん
[응]

みかん [미깡] 귤

2. 탁음

🎧 00-04.mp3

'탁음'은 글자의 오른쪽 위에 작은 점 두 개로 이루어진 탁점(˚)이 붙은 글자입니다. か · さ · た · は행에서만 변형이 일어납니다.

が행 발음은 우리말 '가, 기, 구, 게, 고'와 비슷합니다.

が [가]	**かがみ** [카가미] 거울
ぎ [기]	**かぎ** [카기] 열쇠
ぐ [구]	**ぐあい** [구아이] 형편, 상태
げ [게]	**ひげ** [히게] 수염
ご [고]	**ごみ** [고미] 쓰레기

ざ행

탁음에서 가장 주의해야 할 발음은 ざ행의 ざ, ず, ぜ, ぞ입니다. ざ행은 우리말
에는 없는 영어의 z발음으로 소리를 내야 합니다. 이외에 ざ행의 じ는 특별한 주의
없이 '지'라고 발음해도 됩니다.

ざ [자*]	**ひざ** [히자]	무릎
じ [지]	**じ** [지]	글자
ず [즈*]	**ちず** [치즈]	지도
ぜ [제*]	**ぜんぶ** [젬부]	전부
ぞ [조*]	**なぞ** [나조]	수수께끼

25

だ, で, ど의 발음은 우리말 '다, 데, 도'와 비슷하며, ぢ, づ의 경우 ざ행의 じ, ず 와 발음이 같습니다.

だ
[다]

だいがく [다이가꾸] 대학

ぢ
[지]

はなぢ [하나지] 코피

づ
[즈]

みかづき [미까즈끼] 초승달

で
[데]

でんわ [뎅와] 전화

ど
[도]

おんど [온도] 온도

* 헷갈리기 쉬운 발음이 비슷한 글자 じ, ぢ

ぢ가 들어가는 단어는 매우 한정적입니다. 일본어를 학습하다가 ぢ가 들어간 단어가 나오면 그때 하나씩 차근차근 암기하도록 해요. 보통은 じ가 많이 쓰이기 때문에 じ와 ぢ의 차이점으로 스트레스를 받을 필요는 없습니다.

ば행

발음은 우리말 '바, 비, 부, 베, 보'와 비슷합니다.

ば [바]	ばか [바까] 바보
び [비]	きねんび [키넴비] 기념일
ぶ [부]	ぶた [부따] 돼지
べ [베]	くちべに [쿠찌베니] 립스틱
ぼ [보]	そぼ [소보] 할머니

3. 반탁음

🎧 00-05.mp3

'반탁음'은 글자의 오른쪽 위에 동그란 반탁점(°)이 붙은 글자입니다. は행에서만 변형이 일어납니다.

ぱ행 ぱ행의 글자가 단어의 맨 앞에 오면 우리말 '파, 피, 푸, 페, 포'에 가깝고, 중간이나 끝에 오게 되면 '빠, 삐, 뿌, 뻬, 뽀'에 가깝게 발음합니다.

ぱ [파]	**しんぱい** [심빠이] 걱정
ぴ [피]	**えんぴつ** [엠삐쯔] 연필
ぷ [푸]	**にんぷ** [님뿌] 임산부
ぺ [페]	**ぺこぺこ** [페꼬뻬꼬] 꼬르륵꼬르륵
ぽ [포]	**さんぽ** [삼뽀] 산책

28

4. 요음

い단 글자 き, ぎ, し, じ, ち, に, ひ, び, ぴ, み, り의 오른쪽 아래에 や, ゆ, よ를 작게
써넣은 글자입니다. 요음 や, ゆ, よ는 우리말의 모음 'ㅑ, ㅠ, ㅛ'에 가깝게 발음하면 됩니다.

きゃ[캬] **きゅ**[큐] **きょ**[쿄]	**ぎゃ**[갸] **ぎゅ**[규] **ぎょ**[교]
예 **きゃく** [캬꾸] 손님 **きゅうか** [큐-까] 휴가 **きょうだい** [쿄-다이] 형제	예 **ぎゃくてん** [갸꾸뗑] 역전 **ぎゅうにゅう** [규-뉴-] 우유 **きぎょう** [키교-] 기업
しゃ[샤] **しゅ**[슈] **しょ**[쇼]	**じゃ**[쟈] **じゅ**[쥬] **じょ**[죠]
예 **しゃかい** [샤까이] 사회 **しゅみ** [슈미] 취미 **しょくじ** [쇼꾸지] 식사	예 **じゃくてん** [쟈꾸뗑] 약점 **じゅうしょ** [쥬-쇼] 주소 **じょうしき** [죠-시끼] 상식
ちゃ[챠] **ちゅ**[츄] **ちょ**[쵸]	**にゃ**[냐] **にゅ**[뉴] **にょ**[뇨]
예 **ちゃいろ** [챠이로] 갈색 **ちゅうしゃ** [츄-샤] 주차 **ちょきん** [쵸낑] 저금	예 **こんにゃく** [콘냐꾸] 곤약 **にゅうがく** [뉴-가꾸] 입학 **にょろにょろ** [뇨로뇨로] 꿈틀꿈틀
ひゃ[햐] **ひゅ**[휴] **ひょ**[효]	**びゃ**[뱌] **びゅ**[뷰] **びょ**[뵤]
예 **ひゃく** [햐꾸] 백(100) **ひゅうひゅう** [휴-휴-] 휙휙(바람 소리) **ひょうか** [효-까] 평가	예 **さんびゃく** [삼뱌꾸] 삼백(300) **でびゅー** [데뷰-] 데뷔 **びょうき** [뵤-끼] 병
ぴゃ[퍄] **ぴゅ**[퓨] **ぴょ**[표]	**みゃ**[먀] **みゅ**[뮤] **みょ**[묘]
예 **ろっぴゃく** [롭뺘꾸] 육백(600) **ぴゅーま** [퓨-마] 퓨마 **はっぴょう** [합뽀-] 발표	예 **みゃくあり** [먀꾸아리] 썸, 그린라이트 **みゅーじかる** [뮤-지카루] 뮤지컬 **みょうじ** [묘-지] (이름의) 성
	**りゃ**[랴] **りゅ**[류] **りょ**[료]

りゃ[랴] **りゅ**[류] **りょ**[료]

예 **こうりゃく** [코-랴꾸] 공략
りゅうこう [류-꼬-] 유행
りょこう [료꼬-] 여행

5. 촉음 っ

🎧 00-07.mp3

'촉음'은 다른 글자의 오른쪽 아래에 つ를 작게 써넣은 것으로 우리말의 받침 역할을 하는 글자입니다. 작은 っ 뒤에 오는 글자에 따라 'ㄱ, ㅅ, ㅂ' 받침으로 발음이 달라지므로 주의해야 합니다.

か행 앞에서 ➡ ㄱ

예 **がっこう** [각꼬-] 학교

けっこん [켁꽁] 결혼

せっけん [섹껭] 비누

さ·た행 앞에서 ➡ ㅅ

예 **きっさてん** [킷사뗑] 찻집, 카페

ざっし [잣시] 잡지

まっしろだ [맛시로다] 새하얗다

けっせき [켓세끼] 결석

あさって [아삿떼] 모레

きって [킷떼] 우표

ぱ행 앞에서 ➡ ㅂ

예 **いっぱい** [입빠이] 가득

きっぷ [킵뿌] 표

ほっぺ [홉뻬] 볼

---

6. 발음 ん

🎧 00-08.mp3

발음 ん 또한 촉음 っ와 같이 우리말의 받침과 같은 역할을 합니다. ん 뒤에 오는 글자에 따라 'ㅇ, ㄴ, ㅁ, 콧소리'로 발음이 달라지므로 주의해야 합니다.

か·が행 앞에서 ➡ ㅇ

예 **おんがく** [옹가꾸] 음악

かんこく [캉꼬꾸] 한국

ほんこん [홍꽁] 홍콩

りんご [링고] 사과

さ·ざ·た·だ·な·ら행 앞에서 ➡ ㄴ

예 **あんしん** [안싱] 안심

かんじ [칸지] 한자

おんな [온나] 여자

みんな [민나] 모두

ば·ぱ·ま행 앞에서 ➡ ㅁ

예 **かんぱい** [캄빠이] 건배

えんぴつ [엠피쯔] 연필

しんぶん [심붕] 신문

さんま [삼마] 꽁치

あ·は·や·わ행 앞 또는 ん으로 끝날 때 ➡ 콧소리

예 **れんあい** [렝아이] 연애

でんわ [뎅와] 전화

にほん [니홍] 일본

ほん [홍] 책

7. 장음

'장음'은 '긴 소리'라는 뜻으로 특정 부분의 발음을 길게 늘려 말하는 것입니다. 같은 모음이 연속으로 올 때 뒷글자의 발음은 생략되고 앞 글자를 길게 발음합니다. 그런데 다른 모음이 이어지는 경우에도 장음 법칙을 적용할 때가 있습니다. 이때는 앞 글자를 길게 읽습니다. 만약 한 자씩 다르게 또박또박 읽으면 초보의 느낌을 주므로 꼭 장음이라는 것을 눈치채야 합니다. 또한 'ㅡ'와 같은 기호로 장음을 나타내기도 합니다.

あ단 + あ → ㅏㅡ	い단 + い → ㅣㅡ
예 おかあさん [오까ㅡ상] 어머니	예 おじいさん [오지ㅡ상] 할아버지
おばあさん [오바ㅡ상] 할머니	おにいさん [오니ㅡ상] 형/오빠
まあまあ [마ㅡ마ㅡ] 그럭저럭	おおきい [오ㅡ끼ㅡ] 크다

う단 + う → ㅜㅡ	え단 + い/え *예외 법칙 → ㅔㅡ
예 すうじ [스ㅡ지] 숫자	예 えいが [에ㅡ가] 영화
くうき [쿠ㅡ끼] 공기	とけい [토께ㅡ] 시계
ゆうき [유ㅡ끼] 용기	おねえさん [오네ㅡ상] 누나/언니

お단 + う/お *예외 법칙 → ㅗㅡ
예 おとうさん [오또ㅡ상] 아버지
おとうと [오또ㅡ또] 남동생
いもうと [이모ㅡ또] 여동생
おおい [오ㅡ이] 많다
こおり [코ㅡ리] 얼음

회화에서 가장 먼저 배우는 인사말

🎧 00-10.mp3

만났을 때

일본은 시간에 따라 인사말을 세 가지로 구분합니다.

💬 **아침 인사**

^{오 하 요 - 고 자 이 마 스}
おはようございます。

안녕하세요.

➕ 친구에게 아침 인사를 할 때는 おはよう(안녕)라고 합니다.

💬 **낮 인사**

^{콘 니 찌 와}
こんにちは。

안녕하세요(안녕).

➕ は는 기본적으로 '하'라고 읽지만, こんにちは의 경우 예외로 '와'라고 읽습니다.

💬 **저녁 인사**

^{콤 방 와}
こんばんは。

안녕하세요(안녕).

➕ は는 기본적으로 '하'라고 읽지만, こんばんは의 경우 예외로 '와'라고 읽습니다.

하 지 메 마 시 떼

はじめまして。

처음 뵙겠습니다.

➕ 처음 만난 사람에게 건네는 인사 표현입니다.

오 아 이 데 끼 떼　우 레 시 － 데 스

おあいできて うれしいです。

만나서 반갑습니다.

➕ 처음 만났을 때 쓰는 인사말로 はじめまして와 함께 쓰이기도 합니다.

오 히 사 시 부 리 데 스

おひさしぶりです。

오랜만입니다.

➕ 오랜만에 만났을 때 쓰는 인사 표현입니다.

では、また。

그럼 또.

➕ 가장 기본적인 헤어짐의 인사 표현으로, 어른에게도 친구에게도 쓸 수 있는 인사말입니다.

じゃあね。

그럼 이만.

➕ じゃあ는 では를 더욱 캐주얼하게 바꾼 말투입니다. 이 표현은 친구 사이에서 쓸 수 있습니다.

バイバイ。

바이바이(bye bye).

➕ 격식을 차리지 않아도 되는 친구끼리 캐주얼하게 쓸 수 있는 인사말입니다.

さ　よ　–　な　ら
さようなら。

안녕히 가세요, 안녕히 계세요.

➕ 헤어질 때 쓰는 표현이지만 실제 일본에서는 さようなら라는 말을 잘 사용하지 않습니다.
이 말은 상대와 오랫동안 만나지 못하는 이별이 짐작되는 상황에서 정중하게 사용하는 표현입니다.

오　사　끼　니　　시　쯔　레　–　시　마　스
おさきに しつれいします。

먼저 실례하겠습니다.

➕ 실제 일본에서 잘 쓰는 헤어짐의 인사말입니다. 아르바이트 혹은 직장에서 상사나 동료에게 퇴근할 때 자주 쓰는 표현입니다.

잇 떼 끼 마 스
いってきます。

다녀오겠습니다.

➕ 외출할 때 같은 장소에 있던 상대에게 건네는 인사말입니다.

잇 떼 랏 샤 이
いってらっしゃい。

잘 다녀오세요.

➕ 외출을 배웅할 때 쓰는 표현입니다.

타 다 이 마
ただいま。

다녀왔습니다.

➕ 귀가 후 사용하는 표현입니다.

오 까 에 리 나 사 이
おかえりなさい。

다녀오셨어요?

➕ 손아랫사람에게는 보다 짧게 おかえり(다녀왔어?)라고 합니다.

이 따 다 끼 마 스
いただきます。

잘 먹겠습니다.

➕ 식사 전에 사용하는 표현입니다.

고 찌 소 ― 사 마 데 시 따
ごちそうさまでした。

잘 먹었습니다.

➕ 식사 후에 사용하는 표현입니다.

스 미 마 셍
すみません。

죄송합니다.

➕ '죄송합니다'의 일반적인 표현입니다.

고 멘 나 사 이
ごめんなさい。

미안해요.

➕ 친한 사이에서는 간단히 ごめん(미안해)이라고 합니다.

아 리 가 또 ─ 고 자 이 마 스
ありがとうございます。

감사합니다.

➕ 감사할 때 쓰는 인사 표현입니다.

오 메 데 또 ─ 고 자 이 마 스
おめでとうございます。

축하합니다.

➕ 짧게 おめでとう라고 하면 '축하해'라는 반말 표현이 됩니다.

오 쯔 카 레 사 마 데 스
おつかれさまです。

수고하셨습니다.

➕ 일반적인 인사말로 상하 관계 상관없이 모두가 사용할 수 있는 표현입니다.

고 꾸 로 – 사 마 데 스
ごくろうさまです。

고생하셨습니다.

➕ 윗사람이 아랫사람에게 노고를 위로하는 표현이기 때문에, 부하 직원이 상사나 선배에게
사용하는 것은 실례입니다.

명사

'엄마, 아빠, 일본어, 책, 도쿄, 행복'처럼
세상에 존재하는 모든 것의 이름을 나타내는 말이 '명사'입니다.

엄마
おかあさん
お母さん

아빠
おとうさん
お父さん

일본어
にほんご
日本語

책
ほん
本

도쿄
とうきょう
東京

행복
しあわせ
幸せ

명사의 긍정	명사 + です	~입니다
명사의 부정	명사 + じゃ ありません	~이/가 아닙니다
명사의 과거	명사 + でした	~이었습니다
명사의 과거 부정	명사 + じゃ ありませんでした	~이/가 아니었습니다
가격 묻기 / 숫자 읽기	명사 + は いくらですか	~은/는 얼마입니까?
	숫자 + ウォン・えん・ドルです	~원・엔・달러입니다
날짜 묻기/ 날짜 읽기	명사 + は いつですか	~은/는 언제입니까?
나이 묻기/ 나이 읽기	명사 + で + 숫자 + さいです	~에서 ~살입니다
사람·동물·물건의 존재 표현	사람/동물 + が います	(사람이나 동물) ~이/가 있습니다
	사물/식물 + が あります	(사물이나 식물) ~이/가 있습니다
시간 묻기/ 시간 읽기	시간 + は どうですか	~은/는 어떻습니까?
시간과 장소의 범위 한정 표현	~から ~まで	~부터 ~까지

커피예요.

코 - 히 - 데 스

コーヒーです。

오늘의 포인트 ✦

명사의 긍정

명사 + です　~입니다

이런 말을 할 수 있어요 💬

제 취미예요. / 쉬는 날이에요?

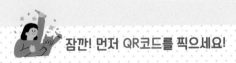

잠깐! 먼저 QR코드를 찍으세요!

책을 펼치고 동영상 강의를 보면서 학습을 시작합니다!

동영상 강의 보기 ✕ mp3 파일 듣기 ✕

회화의 기초는 **문법** 오늘 배울 한 문장을 파헤쳐보자!

🎧 01-1.mp3

커피 / 입니다
코 - 히 - 데 - 스
コーヒー / です

오늘은 명사의 긍정문을 배워 봅시다. 〈명사＋です〉는 '～입니다, ～예요'라는 뜻입니다. 명사만 암기하면 '친구입니다, 스타벅스 커피예요'와 같은 말들을 바로 만들어 낼 수 있어요.

コーヒー＋です ＝ コーヒーです
커피 　　　～입니다 　　　　커피입니다

📢 아래 문장을 듣고 따라 말해 보세요.

스마트폰 / 입니다
스 마 호 데 스
スマホ / です

휴일 / 입니다
야 스 미 데 스
やすみ / です

단어 コーヒー 커피 ｜ スマホ 스마트폰 *スマートフォン의 줄임말로, 회화에서는 줄여서 スマホ라고도 해요. ｜
やすみ 휴일

Tip ～です 뒤에 か를 붙이면 '～입니까?, ～이에요?'라는 명사의 의문 표현이 됩니다.
예 **スマホ**ですか。스마트폰입니까? / **やすみ**ですか。휴일입니까?

44

말문이 터지는 **패턴 연습** 단어를 바꿔가며 말해보자!

🎧 01-2.mp3

커피 입니다.

코 ─ 히 ─ 데 스
コーヒー です。

토 모 다 찌
① **ともだち**　　　　　　　　　　　　친구입니다. 🔊

료 꼬 ─
② **りょこう**　　　　　　　　　　　　여행입니다. 🔊

슈 미
③ **しゅみ**　　　　　　　　　　　　　취미입니다. 🔊

우 소
④ **うそ**　　　　　　　　　　　　　　거짓말입니다. 🔊

단어　**ともだち** 친구 | **りょこう** 여행 | **しゅみ** 취미 | **うそ** 거짓말

Tip　りょこう는 그대로 읽으면 '료꼬우'지만 장음 법칙에 따라 '료꼬─'라고 읽어야 합니다.
발음에 주의하세요.

45

입에 착 붙는 **회화** : 실생활 대화를 듣고 따라 말해보자!

🎧 01-3.mp3

하나가 커피 마시고 있는 것을 본 리에는 무슨 커피인지 물어봅니다.

리에
^{아 메 리 까 노 데 스 까}
アメリカーノですか。

하나
^{이 에} ^{미 루 꾸 코 히 데 스}
いいえ ❶、ミルクコーヒーです。

리에
^{아 카 훼 라 떼 데 스 네}
あ、カフェラテですね❷。

^{도 꼬 노} ^{코 히 데 스 까}
どこの❸ コーヒーですか。

하나
^{스 타 박 꾸 스 노} ^{코 히 데 스}
スターバックスの❸ コーヒーです。

단어 アメリカーノ 아메리카노 커피 | いいえ 아니요 | ミルクコーヒー 밀크커피 | カフェラテ 카페라떼
| どこ 어디 | ～の ～의 | スターバックス 스타벅스

Plus 우리가 스타벅스를 '스벅'이라고 줄여 부르듯 일본에서도 スターバックス를 줄여서 スタバ(스타바)라
고 부릅니다. 또한 대형 커피 체인점인 스타벅스와 타리즈에서는 에스프레소에 물을 타서 마시는 커피인
아메리카노(アメリカーノ)를 판매하지만, 도토루를 비롯한 일부 카페에서는 일본식 블랙커피(ブラック
コーヒー) 혹은 블랙커피에 물을 타서 연하게 마시는 아메리칸 커피(アメリカンコーヒー)를 팔기도
합니다.

리에 **아메리카노예요?**

하나 **아니에요. 밀크커피예요.**

리에 **아, 카페라떼군요.**
어디 커피예요?

하나 **스타벅스 커피예요.**

표현

❶ いいえ 아니요

질문에 대답할 때 긍정일 경우에는 はい(네)라고 말하고, 부정일 경우에는 いいえ(아니요)라고 말하면 됩니다.

> 예   A : カフェラテですか。 카페라떼입니까?
> B : はい、カフェラテです。/ いいえ、アメリカーノです。
> 네, 카페라떼예요. / 아니요, 아메리카노예요.

❷ ～ですね ～(이)네요 / 군요

です 뒤에 바로 ね를 붙이면 '～네요/군요'라는 뜻이 되어 동감 및 공감, 감탄을 나타내는 표현이 됩니다.

> 예   スターバックスの コーヒーですね。 스타벅스 커피군요.

❸ ～の ～의

'나의 커피, 나의 친구'와 같이 '～의 (명사)' 형식으로 표현할 때는 の를 써요. 참고로 일본어로 '나'는 わたし라고 합니다. 따라서 '나의 커피'는 わたしの コーヒー가 되겠죠.

1. 잘 듣고 보기에서 알맞은 어휘를 골라 문장을 완성해 보세요.　　🎧 01-4.mp3

[보기]

やすみ ｜ です ｜ しゅみ ｜ スマホ

① 스마트폰입니다.　　　　➡　＿＿＿＿＿＿＿＿＿＿＿＿＿＿＿＿＿。

② 취미입니다.　　　　　　➡　＿＿＿＿＿＿＿＿＿＿＿＿＿＿＿＿＿。

③ 휴일입니다.　　　　　　➡　＿＿＿＿＿＿＿＿＿＿＿＿＿＿＿＿＿。

2. 우리말에 맞게 문장을 써 보고 완성된 문장을 큰 소리로 읽어 보세요.

① **うそ** (거짓말)

➡　＿＿＿＿＿＿＿＿＿＿＿＿＿＿＿＿。　거짓말입니다.

② **ともだち** (친구)

➡　＿＿＿＿＿＿＿＿＿＿＿＿＿＿＿＿。　친구입니다.

③ **りょこう** (여행)

➡　＿＿＿＿＿＿＿＿＿＿＿＿＿＿＿＿。　여행입니다.

48

남자 친구가 아니에요.

카 레 시 쟈 　 아 리 마 셍

かれしじゃ ありません。

오늘의 포인트 ✦

명사의 부정

명사 + じゃ ありません ~이/가 아닙니다

이런 말을 할 수 있어요 💬

월급날이 아니에요. / 부자가 아니에요.

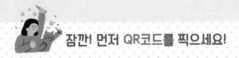 잠깐! 먼저 QR코드를 찍으세요!

책을 펼치고
동영상 강의를 보면서
학습을 시작합니다!

 동영상 강의 보기 × mp3 파일 듣기 ×

🎧 02-1.mp3

남자 친구 / 가 아닙니다

카 레 시　　쟈　　아 리 마 셍
かれし / じゃ ありません

오늘은 명사의 부정문을 배워 봅시다. 〈명사+じゃ ありません〉은 '~이/가 아닙니다'라는 뜻입니다. 〈명사+では ありません〉의 형태로도 쓰이는데, 말할 때는 〈명사+じゃ ありません〉쪽이 더 많이 쓰여요. 다양한 명사를 넣어서 문장을 만들어 보세요.

かれし + じゃ ありません = かれしじゃ ありません
남자 친구 　　 ~이/가 아닙니다 　　　　　　 남자 친구가 아닙니다

📢 아래 문장을 듣고 따라 말해 보세요.

월급날 / 이 아닙니다	아이돌 / 이 아닙니다
큐 － 료 － 비	아 이 도 루
きゅうりょうび /	**アイドル /**
쟈 아 리 마 셍	쟈 아 리 마 셍
じゃ ありません	**じゃ ありません**

단어 ┃ **かれし** 남자 친구 ┃ **きゅうりょうび** 월급날 ┃ **アイドル** 아이돌

Tip ┃ ~じゃ ありません은 ~じゃ ないです로 바꿔 쓸 수 있습니다. 이때 ~じゃ ないです는 ~じゃ ありません보다 캐주얼한 표현이기 때문에 더욱 가벼운 회화 느낌으로 쓸 수 있어요.

예 **かれしじゃ ないです。** 남자 친구가 아니에요.

🎧 02-2.mp3

남자 친구 가 아닙니다.

^{카 레 시} ^쟈 ^{아 리 마 셍}
かれし じゃ ありません。

❶ ^{오 까 네 모 찌}
おかねもち

부자가 아닙니다. ((🙂

❷ ^{텐 사 이}
てんさい

천재가 아닙니다. ((🙂

❸ ^{바 까}
ばか

바보가 아닙니다. ((🙂

❹ ^{코 도 모}
こども

아이가 아닙니다. ((🙂

단어 おかねもち 부자 | てんさい 천재 | ばか 바보 | こども 아이

🎧 02-3.mp3

하나가 남자와 걸어가는 것을 본 리에는 그 사람이 누구인지 물어봅니다.

리에

<ruby>아<rt>아</rt></ruby> 노 히 또 와 다 레데스 까
あの ひと❶は だれですか。

모 시 까 시 떼 카 레 시
もしかして かれし？

하나

카 레 시 쟈 아 리 마 셍
かれしじゃ ありません。

타 다 노 도 - 료 - 데 스
ただの どうりょうです。

리에

우 소
うそ❷！

하나

우 소 쟈 아 리 마 셍
うそじゃ ありません。

혼 또 - 데 스
ほんとうです❸。

단어 あの 저 | ひと 사람 | ～は ～은/는 | だれ 누구 | もしかして 혹시 | ただ 단지, 그냥 |
どうりょう 동료 | うそ 거짓말 | ほんとう 진짜, 정말

Plus 일본에서는 '남자 친구'를 かれし, '여자 친구'를 かのじょ라고 해요. 또한 이미 헤어진 연인에 대해서는
'전(前)～'이라는 뜻의 もと와 かれし・かのじょ의 줄임 표현을 넣어 보통 もとかれ(전 남친), もとかの(전 여친)라고 합니다.

52

리에 　그 사람은 누구예요?
　　　혹시 남자 친구?

하나 　남자 친구가 아니에요.
　　　그냥 동료예요.

리에 　거짓말!

하나 　거짓말이 아니에요.
　　　진짜예요.

❶ あの ひと 그 사람
지시어에는 この(이), その(그), あの(저), どの(어느)가 있습니다. あの ひと를 직역하면 '저 사람'이지만, 대화하는 두 사람이 알고 있는 사람을 가리킬 경우에는 '저'가 아닌 '그'로 해석합니다. 서로가 알고 있는 사람은 あの ひと(그 사람)라는 점 기억하세요.

❷ うそ! 거짓말!
일본 드라마나 영화에서 うそ라는 어휘를 빈번히 접할 수 있을 만큼 이 표현은 일상 회화에서 자주 쓰입니다. うそ의 사전적 의미는 '거짓말'이지만, 상황에 따라 부드럽게 해석을 하게 되면 '정말? 웃기지 마, 에이 설마'와 같은 뜻으로 쓰이기도 합니다. 상대의 말을 확인하거나 거부할 때, 상황에 따라서는 감탄사나 의문사로도 쓰입니다.

❸ ほんとうです 정말이에요, 진짜예요
회화에서는 짧게 줄여서 う를 생략한 ほんとです를 쓰기도 합니다.

1. 잘 듣고 보기에서 알맞은 어휘를 골라 문장을 완성해 보세요.　🎧 02-4.mp3

[보기]

きゅうりょうび｜ありません｜じゃ｜おかねもち｜ばか

① 부자가 아닙니다.　　　⇥ _____ 。

② 바보가 아닙니다.　　　⇥ _____ 。

③ 월급날이 아닙니다.　　⇥ _____ 。

2. 우리말에 맞게 문장을 써 보고 완성된 문장을 큰 소리로 읽어 보세요.

① **こども**(아이)

⇥ _____ 。 아이가 아닙니다.

② **かれし**(남자 친구)

⇥ _____ 。 남자 친구가 아닙니다.

③ **アイドル**(아이돌)

⇥ _____ 。 아이돌이 아닙니다.

학습일 : 월 일

텀블러는 얼마예요?

탐 브 라 - 와 이 꾸 라 데 스 까

タンブラーは いくらですか。

오늘의 포인트 ✦

가격 묻기 / 숫자 읽기

명사 ＋ は いくらですか ~은/는 얼마입니까?

숫자 ＋ ウォン・えん・ドルです

~원・엔・달러입니다

이런 말을 할 수 있어요 💬

이건 얼마예요? / 그건 만 원이에요.

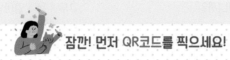

잠깐! 먼저 QR코드를 찍으세요!

책을 펼치고
동영상 강의를 보면서
학습을 시작합니다!

동영상 강의 보기   mp3 파일 듣기

🎧 03-1.mp3

1

텀블러 / 는 / 얼마입니까?

_{탐 브 라 -} _와 _{이 꾸 라 데 스 까}
タンブラー / は / いくらですか

요즘은 출장, 여행 등으로 일본에 갈 기회가 정말 많죠. 일본에 가게 되면 자연스레 쇼핑을 하게 되는데요. 오늘은 금액과 관련된 표현을 배워 봅시다. 가격을 물을 때는 물건 이름에 바로 いくらですか를 붙여서 ○○ いくらですか(○○ 얼마예요?)라고 하는데, 명칭을 모를 때는 그냥 これ いくらですか(이거 얼마예요?)라고 물어보면 됩니다.

タンブラー＋は＋いくらですか
_{텀블러　　　　　～은/는　　　　　얼마입니까?}

＝ タンブラーは いくらですか
_{텀블러는 얼마입니까?}

 아래 문장을 듣고 따라 말해 보세요.

지갑 / 은 / 얼마입니까?	구두 / 는 / 얼마입니까?
_{사 이 후　와　이 꾸 라 데 스 까}	_{쿠 쯔　와　이 꾸 라 데 스 까}
さいふ / は / いくらですか	くつ / は / いくらですか

단어 タンブラー 텀블러 ｜ ～は ～은/는 ｜ いくら 얼마 ｜ さいふ 지갑 ｜ くつ 구두

Tip は는 기본적으로 '하'라고 읽지만, 조사 '～은/는'이라는 뜻으로 쓰일 때는 특별히 '와'라고 읽어요.

🎧 03-2.mp3

1

텀블러 는 얼마입니까?

^{탐 브 라 -} ^와 ^{이 꾸 라 데 스 까}
タンブラー は いくらですか。

후 꾸
① ふく

옷은 얼마입니까? (((🗣

비 - 루
② ビール

맥주는 얼마입니까? (((🗣

보 - 시
③ ぼうし

모자는 얼마입니까? (((🗣

메 가 네
④ めがね

안경은 얼마입니까? (((🗣

단어 ふく 옷 | ビール 맥주 | ぼうし 모자 | **めがね** 안경

Tip ぼうし는 그대로 읽으면 '보우시'지만, 장음 법칙에 따라 '보-시'라고 읽습니다. 발음에 주의하세요.

57

🎧 03-3.mp3

2

만 / 원 / 입니다

이 찌 망　　　　원　　　데 스
いちまん / ウォン / です

이번에는 금액과 관련하여 대답하는 표현을 익혀 봅시다. いくらですか(얼마예요?)라는 질문에 대한 대답은 한국의 '원화'인지 일본의 '엔화'인지에 따라 다른 표현을 써야 하는데요. '원화'는 ウォン, '엔화'는 えん이라고 표현합니다. 환율은 매번 다르기 때문에 정확한 수치를 말할수는 없지만, 대략적으로 10,000원이 1,000엔 정도라고 생각하면 계산하기 쉬워요. 숫자 읽기와 관련된 자세한 내용은 부록 265쪽을 참고하세요.

いちまん＋ウォン＋です＝いちまんウォンです
만　　　　　원　　　～입니다　　　　　　만 원입니다

 아래 문장을 듣고 따라 말해 보세요.

천 / 엔 / 입니다	백 / 달러 / 입니다
셍　엔　데 스 # せん / えん / です	하 꾸　도루　데 스 # ひゃく / ドル / です

단어 いちまん 만(10,000) | ウォン 원〈원화〉 | せん 천(1,000) | えん 엔〈엔화〉 | ひゃく 백(100) |
ドル 달러〈미화〉

Tip 우리는 10,000원을 '만 원'이라고 읽지만 일본에서는 '일만 원'이라고 표현합니다. 따라서 いちまんウォン
(이찌망원)이라고 말해야 해요.

🎧 03-4.mp3

2

만 원입니다.

^{이 찌 망}   ^원   ^{데 스}
いちまん ウォンです。

❶ ^{니 망}
にまん   2만 원입니다. (((🗣

❷ ^{삼 망}
さんまん   3만 원입니다. (((🗣

❸ ^{욤 망}
よんまん   4만 원입니다. (((🗣

❹ ^{고 망}
ごまん   5만 원입니다. (((🗣

단어 にまん 2만 | さんまん 3만 | よんまん 4만 | ごまん 5만

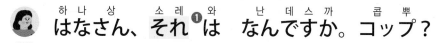
🎧 03-5.mp3

테이블 위에 놓인 텀블러를 보고 리에가 하나에게 묻습니다.

리에
하나상 소레와 난데스까 콥뿌
はなさん、それ❶は なんですか。コップ？

하나
이-에 코레와 탐브라-데스
いいえ、これ❶は タンブラーです。

리에
나루호도 캉꼬꾸데 탐브라-와
なるほど！ かんこくで❷ タンブラーは
다이따이 이꾸라데스까
だいたい いくらですか。

하나
욤 망 웡 구라이데스요
よんまんウォンぐらいですよ❸。

리에
욤 망 웡 와 니홍 엔 데
よんまんウォンは にほんえんで❷
욘 셍 엥 구라이
よんせんえんぐらい？

하나
소-데스
そうです。

단어 ～さん ～씨 ｜ それ 그것 ｜ なん 무엇 ｜ コップ 컵 ｜ これ 이것 ｜ なるほど 과연 ｜ かんこく 한국 ｜
～で ～에서, ～으로 ｜ だいたい 대략 ｜ ぐらい 정도 ｜ にほん 일본 ｜ そうです 그렇습니다, 맞아요

Plus 일본에서 상용되는 지폐는 1,000엔, 2,000엔, 5,000엔, 10,000엔이 있습니다. 일본에는 특이하게 2,000엔
짜리 지폐가 있습니다. 하지만 2,000엔짜리 지폐는 흔히 볼 수 있는 지폐가 아니라서 일본 사람들도 다른
지폐보다 더욱 특별히 생각하는 경향이 있어요.

리에 하나 씨, 그건 뭐예요? 컵?

하나 아니에요, 이건 텀블러예요.

리에 아하 과연! 한국에서 텀블러는 대략 얼마예요?

하나 4만 원 정도예요.

리에 4만 원은 일본 엔으로 4천 엔 정도?

하나 맞아요.

표현

❶ それ/これ 그것/이것
–れ 앞에 오는 한 글자씩만 바꾸면 다른 위치의 사물을 가리키는 표현이 됩니다. 한꺼번에 외워 두세요.

これ	それ	あれ	どれ
이것	그것	저것	어느 것

❷ ～で ～에서, ～(으)로
で 앞에 장소를 나타내는 말이 오면 '～에서'로 해석해요. 또 で 앞에 기한이나 한도, 기준을 나타내는 말이 오면 '～(으)로, ～에'로 해석합니다.

예 いえで 집에서 / かいしゃで 회사에서 / にほんえんで 일본 엔으로

❸ ～ですよ ～이에요, ～할게요, ～라고요
です 뒤에 바로 よ를 붙이면 강조하는 뜻이 됩니다. です에 비해서 상대가 모르는 것을 알려 주거나 내 주장을 전달하는 뉘앙스가 생겨요. 또한 상황에 적절하게 よ를 섞어 쓰면 더욱 자연스러운 대화를 할 수 있습니다.

61

마무리 **연습문제**

1. 잘 듣고 보기에서 알맞은 어휘를 골라 문장을 완성해 보세요. 🎧 03-6.mp3

> **[보기]**
>
> **は | ビール | ですか | いくら | これ | ふく**

① 이것은 얼마입니까? ➡ _____ 。

② 맥주는 얼마입니까? ➡ _____ 。

③ 옷은 얼마입니까? ➡ _____ 。

2. 우리말에 맞게 문장을 써 보고 완성된 문장을 큰 소리로 읽어 보세요.

① **これ**(이것) / **さんまん**(3만) / **えん**(엔)

➡ _____ 。 이것은 3만 엔입니다.

② **それ**(그것) / **いちまん**(만) / **ドル**(달러)

➡ _____ 。 그것은 만 달러입니다.

③ **あれ**(저것) / **せん**(천) / **ウォン**(원)

➡ _____ 。 저것은 천 원입니다.

기념일은 언제예요?

<ruby>키<rt></rt></ruby> <ruby>넴<rt></rt></ruby> <ruby>비<rt></rt></ruby> <ruby>와<rt></rt></ruby> <ruby>이<rt></rt></ruby> <ruby>쯔<rt></rt></ruby> <ruby>데<rt></rt></ruby> <ruby>스<rt></rt></ruby> <ruby>까<rt></rt></ruby>

きねんびは いつですか。

오늘의 포인트 ✦

> **날짜 묻기/ 날짜 읽기**
>
> ## 명사 + は いつですか   ~은/는 언제입니까?

이런 말을 할 수 있어요 💬

> 생일은 언제예요? / 오늘은 1월 2일이에요.

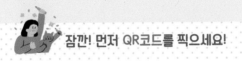 잠깐! 먼저 QR코드를 픽으세요!

책을 펼치고
동영상 강의를 보면서
학습을 시작합니다!

동영상 강의 보기 ✕ mp3 파일 듣기 ✕

회화의 기초는 **문법** 오늘 배울 한 문장을 파헤쳐보자!

🎧 04-1.mp3

1

기념일 / 은 / 언제입니까?

키 넴 비 　 와 　 이 쯔 데 스 까
きねんび / は / いつですか

오늘은 날짜를 묻는 표현을 배워 봅시다. 〈명사+は いつですか〉는 '～은/는 언제입니까?'라는 뜻입니다. 명사 자리에 여러 단어를 바꿔 넣어 '기념일은 언제예요?, 생일은 언제입니까?'와 같은 말들을 만들어 보세요.

きねんび + は + いつですか = きねんびはいつですか

기념일 　　 ～은/는 　　 언제입니까? 　　　　　 기념일은 언제입니까?

 아래 문장을 듣고 따라 말해 보세요.

생일 / 은 / 언제입니까?	결혼식 / 은 / 언제입니까?
탄 죠 ー 비 　 와	켁 꼰 시 끼 　 와
たんじょうび / は /	**けっこんしき / は /**
이 쯔 데 스 까	이 쯔 데 스 까
いつですか	**いつですか**

단어 きねんび 기념일 | いつ 언제 | たんじょうび 생일 | けっこんしき 결혼식

Tip ～ですか에서 맨 끝의 か를 생략하고 です를 올려 말하면 좀 더 가벼운 느낌의 의문 표현이 돼요. 회화에서 자주 쓰니 알아 두도록 해요.

예 **これ**です**?** 이거예요?

64

🎧 04-2.mp3

1

> **기념일** 은 언제입니까?
>
> 키 넴 비 와 이 쯔 데 스 까
> # きねんび は いつですか。

❶ 쿠 리 스 마 스
クリスマス   크리스마스는 언제입니까? 🗨

❷ 고 - 루 뎅 위 - 꾸
ゴールデンウィーク   황금연휴는 언제입니까? 🗨

❸ 바 렌 타 인 데 -
バレンタインデー   밸런타인데이는 언제입니까? 🗨

❹ 오 쇼 - 가 쯔
おしょうがつ   설날은 언제입니까? 🗨

단어   **クリスマス** 크리스마스 | **ゴールデンウィーク** 골든위크(황금연휴) | **バレンタインデー** 밸런타인데이 |
おしょうがつ 설날

🎧 04-3.mp3

2

1월 / 2일 / 입니다
_{이 찌 가 쯔}　_{후 쯔 까}　_{데 스}
いちがつ / ふつか / です

이번에는 날짜와 관련하여 대답하는 표현을 익혀 봅시다. いつですか(언제예요?)라는 질문에 대한 대답은 '~월 ~일'에 맞춰 말해야 하는데요. 기본적으로 일본어로 '월'은 がつ, '일'은 にち라고 표현하지만, 예외 표현도 있습니다. 자세한 날짜 읽는 법은 부록 266쪽을 참고하세요.

いちがつ ＋ ふつか ＋ です ＝ いちがつ ふつかです
　1월　　　　　2일　　　　~입니다　　　　1월 2일입니다

📢 아래 문장을 듣고 따라 말해 보세요.

2월 / 1일 / 입니다
_{니 가 쯔}　_{츠 이 따 찌}　_{데 스}
にがつ / ついたち / です

3월 / 3일 / 입니다
_{상 가 쯔}　_{믹 까}　_{데 스}
さんがつ / みっか / です

단어　いち 1 ｜ がつ 월 ｜ ふつか 2일 ｜ に 2 ｜ ついたち 1일 ｜ さん 3 ｜ みっか 3일

Tip　일본에서는 '월'을 뜻하는 月이라는 한자를 がつ(가쯔)라고 읽지만 げつ(게쯔)라고도 읽습니다.
'~월 ~일'을 말할 때의 '월'은 がつ라고 읽으며, '월요일'의 '월'은 げつ라고 읽어요. 이 점 유의하세요.

말문이 터지는 **패턴 연습** : 단어를 바꿔가며 말해보자!

🎧 04-4.mp3

2

1월 2일 입니다.

이 찌 가 쯔   후 쯔 까   데 스
いちがつ ふつか です。

---

①
시 가 쯔   츠 이 따 찌
しがつ / ついたち

4월 1일입니다. 🗨

②
고 가 쯔   쥬 - 니 니 찌
ごがつ / じゅうににち

5월 12일입니다. 🗨

③
로 꾸 가 쯔   하 쯔 까
ろくがつ / はつか

6월 20일입니다. 🗨

④
시 찌 가 쯔   니 쥬 - 욕 까
しちがつ / にじゅうよっか

7월 24일입니다. 🗨

단어 しがつ 4월 | ごがつ 5월 | じゅうににち 12일 | ろくがつ 6월 | はつか 20일 | しちがつ 7월 |
にじゅうよっか 24일

Tip 11일~30일에서 20일(はつか), 14일(じゅうよっか), 24일(にじゅうよっか)은 읽기에 주의하세요.

🎧 04-5.mp3

하나는 남자 친구가 있는 리에에게 기념일을 물어봅니다.

하나

^{칸 뿌루 키 넴 비 와　이 쯔 데 스 까}
カップルきねんびは　いつですか。

리에

^{이 찌 가 쯔　후 쯔 까 데 스}
いちがつ　ふつかです。

하나

^{에❶　콘 슈 ー 노　킹 요 ー 비}
え❶、こんしゅうの　きんようび？
^{코 또 시 데　난 넴 메❷데 스 까}
ことしで　なんねんめ❷ですか。

리에

^{고 넴 메❷데 스}
5ねんめ❷です。

하나

^{와　라 브 라 브 데 스 네}
わ、ラブラブですね❸。

단어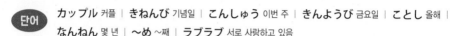
カップル 커플 | **きねんび** 기념일 | **こんしゅう** 이번 주 | **きんようび** 금요일 | **ことし** 올해 |
なんねん 몇 년 | **～め** ~째 | **ラブラブ** 서로 사랑하고 있음

Plus 한국에서 커플 기념일은 100일, 200일, 300일, 1년, 2년 주기로 챙기는데 반해 일본은 약간 다릅니다. 1개월, 2개월처럼 월 단위로 챙기거나 1년, 2년 주기로 기념일을 챙겨요. 또 우리는 보통 커플 기념일에 '우리가 만난 지 벌써 1년이네'와 같은 표현을 쓰는데 일본에서는 서로가 서로에게 「いっしゅうねん　おめでとう。」(1주년 축하해)라고 표현하며, 이때 「これからも　よろしくね。」(앞으로도 잘 부탁해)라는 인사말을 덧붙입니다.

68

하나   커플 기념일은 언제예요?

리에   1월 2일이에요.

하나   어, 이번 주 금요일?
       올해로 몇 년째예요?

리에   5년째예요.

하나   와, 달달하네요.

표현

❶ **え 어**
살짝 놀랐을 때 나는 소리로 えっ이라고도 씁니다. 더욱 놀랐을 때는 へぇ～. 갑자기 깜짝 놀랐을 때는 うわっ! 같은 표현을 쓸 수도 있어요.

❷ **なんねんめ / 5ねんめ 몇 년째 / 5년째**
～め는 '～째'라는 뜻으로 수를 나타내는 말에 붙어 그 순서에 해당하는 뜻을 나타냅니다.

예   3ねんめ 3년째 / ふつかめ 이틀째

❸ **ラブラブですね 달달하네요**
연인 사이가 알콩달콩하여 누가 봐도 깨가 쏟아질 때 일본에서는 **ラブラブ**라는 표현을 사용합니다.

1. 잘 듣고 보기에서 알맞은 어휘를 골라 문장을 완성해 보세요.　🎧 04-6.mp3

[보기]

いつ｜は｜バレンタインデー｜ですか｜
けっこんしき｜おしょうがつ

① 밸런타인데이는 언제입니까?　➡　_____ 。

② 결혼식은 언제입니까?　➡　_____ 。

③ 설날은 언제입니까?　➡　_____ 。

2. 우리말에 맞게 문장을 써 보고 완성된 문장을 큰 소리로 읽어 보세요.

① **クリスマス**(크리스마스) / **いつ**(언제)

➡　_____ 。 크리스마스는 언제입니까?

② **いちがつ**(1월) / **ふつか**(2일) / **きんようび**(금요일)

➡　_____ 。 1월 2일은 금요일입니까?

③ **きねんび**(기념일) / **こんしゅう**(이번 주)

➡　_____ 。 기념일은 이번 주입니까?

일본에서 31살이에요.

니 혼 데 산쥬-잇사 이 데 스
にほんで 31さいです。

오늘의 포인트 ✦

> ### 나이 묻기/ 나이 읽기
>
> # 명사 + で + 숫자 + さいです ~에서 ~살입니다

이런 말을 할 수 있어요 💬

> ## 몇 살이에요? / 서른 살이에요.

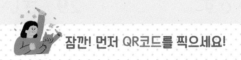

잠깐! 먼저 QR코드를 찍으세요!

책을 펼치고
동영상 강의를 보면서
학습을 시작합니다!

동영상 강의 보기 mp3 파일 듣기

🎧 05-1.mp3

일본 / 에서 / 31 / 살입니다

니 혼　　데　산쥬-잇　사 이 데 스

にほん / で / 31 / さいです

오늘은 나이에 관한 표현을 배워 봅시다. 나이를 나타내는 표현인 '~살, ~세'는 일본어로 ~さい라고 해요. 여기에 です를 붙이면 ~さいです(~살입니다)가 됩니다. 다양한 숫자를 넣어서 나이 말하기 연습을 해 보세요. 자세한 나이 읽는 법은 부록 269쪽에 있습니다.

にほん ＋ で ＋ 31 ＋ さいです ＝ にほんで 31さいです
일본　　　~에서　　31　　　　살입니다　　　　　　일본에서 31살입니다

📣 아래 문장을 듣고 따라 말해 보세요.

한국 / 에서 / 18 / 살입니다	미국 / 에서 / 29 / 살입니다
캉 꼬꾸　　데	아 메 리 카　　데
かんこく / で /	**アメリカ / で /**
쥬-핫　사 이 데 스	니쥬-큐-　사 이 데 스
18 / さいです	**29 / さいです**

단어 にほん 일본 ┃ ~で ~에서 ┃ ~さい ~살, ~세 ┃ かんこく 한국 ┃ アメリカ 미국

Tip 나이를 물어볼 때는 보통 なんさいですか(몇 살이에요?)라고 합니다. 다만 이는 캐주얼한 표현에 가깝기 때문에 손윗사람에게는 사용하지 않는 게 좋습니다. 손윗사람에게는 おいくつですか라는 말로 공손히 물어보는 게 좋아요.

🎧 05-2.mp3

일본 에서 **31** 살입니다.

니 혼 데 산쥬-잇 사 이 데 스
にほん で 31さい です。

후 란 스 니쥬-나나
❶ フランス / 27

프랑스에서 27살입니다.))) 🗣

이 기 리 스 산쥬-큐-
❷ イギリス / 39

영국에서 39살입니다.))) 🗣

츄 - 고 꾸 욘쥬-고
❸ ちゅうごく / 45

중국에서 45살입니다.))) 🗣

베 또 나 무 고쥬-니
❹ ベトナム / 52

베트남에서 52살입니다.))) 🗣

단어 | **フランス** 프랑스 | **イギリス** 영국 | **ちゅうごく** 중국 | **ベトナム** 베트남

Tip | 나이는 보통 〈숫자＋さい〉 형식이지만 '20세, 스무 살'은 예외적으로 **はたち**라고 읽습니다. 주의하세요.

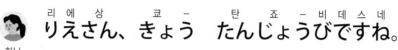

입에 착 붙는 **회화** : 실생활 대화를 듣고 따라 말해보자!

🎧 05-3.mp3

하나가 리에의 생일을 축하해 줍니다.

하나 りえさん、きょう　たんじょうびですね。
おめでとうございます！　これ　プレゼントです。

리에 わ、ありがとうございます。
これで　わたしも　31さいです。

하나 かんこくで　31さいですか。
それとも❶　にほんで？

리에 にほんで　31さいです。
かんこくでは　もう　32さいです。

하나 あら、タメですね❷。

단어 きょう 오늘 | (お)たんじょうび 생일 | おめでとうございます 축하합니다 | これ 이것 |
プレゼント 선물 | ありがとうございます 감사합니다 | これで 이것으로 | わたし 나, 저 |
～も ～도 | それとも 아니면 | もう 이미, 벌써 | タメ 동갑

하나 리에 씨, 오늘 생일이네요.
축하해요! 이거 선물이에요.

리에 와, 감사합니다.
이걸로 저도 31살이에요.

하나 한국에서 31살이에요?
아니면 일본에서?

리에 일본에서 31살이에요.
한국에서는 이제 32살입니다.

하나 어머, 동갑이네요.

표현

❶ それとも 아니면

'A입니까, 아니면 B입니까?'라고 둘 중 하나를 고르라고 할 때 쓰는 표현이에요.

❷ タメですね 동갑이네요

'동갑'은 タメ라는 카타카나로 많이 씁니다. 비슷한 단어로 '같은 나이'라는 뜻의 おないどし도 있지만 젊은 사람들은 タメ를 쓰는 경향이 있어요. 반말은 タメぐち 혹은 タメご라고 하는데, 젊은 사람들은 이 둘 중 タメご를 더 선호해요.

예 タメご で いいよ。 반말해도 괜찮아.

마무리 **연습문제**

1. 잘 듣고 보기에서 알맞은 어휘를 골라 문장을 완성해 보세요.   🎧 05-4.mp3

[보기]

さい｜さんじゅうに｜アメリカ｜かんこく｜
にほん｜じゅうはっ｜で｜にじゅうきゅう｜です

① 한국에서 29살입니다.   ➡ _____ 。

② 일본에서 32살입니다.   ➡ _____ 。

③ 미국에서 18살입니다.   ➡ _____ 。

2. 우리말에 맞게 문장을 써 보고 완성된 문장을 큰 소리로 읽어 보세요.

① **なん**(몇) / **さい**(살)

➡ _____ 。 몇 살이에요?

② **フランス**(프랑스) / **で**(에서) / **よんじゅうきゅう**(49) / **さい**(살)

➡ _____ 。 프랑스에서 49살이에요.

③ **イギリス**(영국) / **では**(에서는) / **さんじゅうご**(35) / **さい**(살)

➡ _____ 。 영국에서는 35살이에요.

76

오빠가 한 명 있어요.

아 니 가 　 히 또 리 　 이 마 스

あにが ひとり います。

오늘의 포인트 ✦

사람·동물·물건의 존재 표현

사람/동물 **+** が います

(사람이나 동물) ~이/가 있습니다

사물/식물 **+** が あります

(사물이나 식물) ~이/가 있습니다

이런 말을 할 수 있어요 💬

가족이 몇 명이에요? / 강아지가 두 마리 있어요.

 잠깐! 먼저 QR코드를 찍으세요!

책을 펼치고
동영상 강의를 보면서
학습을 시작합니다!

동영상 강의 보기 　 mp3 파일 듣기

회화의 기초는 문법 오늘 배울 한 문장을 파헤쳐보자!

🎧 06-1.mp3

1

오빠 / 가 / 한 명 / 있습니다

아 니 가 히 또 리 이 마 스
あに / が / ひとり / います

일본에서는 살아 숨 쉬는 생명체냐 아니냐에 따라 '있습니다'의 단어를 구분해서 쓰는데요. 먼저 '사람과 동물'이 '있습니다'라는 뜻의 일본어를 배워 봅시다. 일본에서는 사람이나 개, 고양이 같이 숨을 쉬는 생명체에게는 います(있습니다)라고 합니다. 사람 및 동물 세는 법과 가족에 대한 호칭은 부록 270~272쪽을 참고하여 표현력을 키우도록 해요.

あに ＋ が ＋ ひとり ＋ います ＝ あにが ひとり います
오빠(형)　～이/가　　한 명　　　있습니다　　　　오빠(형)가 한 명 있습니다

 아래 문장을 듣고 따라 말해 보세요.

언니(누나) / 가 / 두 명 / 있습니다
아 네 가
あね / が /
후 따 리 이 마 스
ふたり / います

아이 / 가 / 세 명 / 있습니다
코 도 모 가
こども / が /
산 닝 이 마 스
さんにん / います

단어　**あに** 오빠(형) ｜ **～が** ～이/가 ｜ **ひとり** 한 명 ｜ **います** 있습니다〈사람·동물〉 ｜ **あね** 언니(누나) ｜
ふたり 두 명 ｜ **こども** 아이 ｜ **さんにん** 세 명

Tip　반대로 사람이나 동물이 '없습니다'라고 할 때는 **いません**이라고 해요.
예 **こどもが いません。** 아이가 없습니다.

1

오빠 가 한 명 있습니다.

_{아 니} _가 _{히 또 리} _{이 마 스}
あに が ひとり います。

① _{오 또 꼬 노 히 또} _{요 닝}
おとこのひと / よにん　　　　남자가 네 명 있습니다. (((👄

② _{온 나 노 히 또} _{고 닝}
おんなのひと / ごにん　　　여자가 다섯 명 있습니다. (((👄

③ _{이 누} _{입 삐 끼}
いぬ / いっぴき　　　　　　개가 한 마리 있습니다. (((👄

④ _{네 꼬} _{니 히 끼}
ねこ / にひき　　　　　　고양이가 두 마리 있습니다. (((👄

단어　おとこのひと 남자 | よにん 네 명 | おんなのひと 여자 | ごにん 다섯 명 | いぬ 개 |
いっぴき 한 마리 | ねこ 고양이 | にひき 두 마리

Tip　'남자', '여자'를 말할 때 おとこ, おんな라고 단독으로 쓰면 무례한 표현이니 꼭 おとこのひと(남자),
おんなのひと(여자)라고 써야 해요.

🎧 06-3.mp3

2

약속 / 이 / 있습니다

야 꾸 소 꾸 가 아 리 마 스
やくそく / が / あります

이번에는 '물건'이 '있습니다'라는 뜻의 일본어를 배워 봅시다. 자동차, 비행기, 가방, 옷, 꽃 같은 사물이나 식물은 あります(있습니다)라고 합니다. あります를 써야 할 때 います를 쓰면 매우 어색한 표현이 되니 주의해서 사용해야 합니다. 물건 개수를 세는 자세한 방법은 부록 273쪽을 참고하세요.

やくそく + **が** + **あります** = **やくそくが あります**
약속 　 ~이/가 　 있습니다 　 　 　 약속이 있습니다

 아래 문장을 듣고 따라 말해 보세요.

볼일 / 이 / 있습니다
요 　 지 　 가 　 아 리 마 스
ようじ / **が** / **あります**

회의 / 가 / 있습니다
카 이 기 　 가 　 아 리 마 스
かいぎ / **が** / **あります**

단어 **やくそく** 약속 ｜ **あります** 있습니다〈사물·식물〉 ｜ **ようじ** 볼일, 용무 ｜ **かいぎ** 회의

Tip 반대로 사물이나 식물이 '없습니다'라고 할 때는 **ありません**이라고 해요.
예 **やくそくが** ありません。 약속이 없습니다.

🎧 06-4.mp3

2

약속 이 있습니다.

야 꾸 소 꾸 　 가 　 아 리 마 스
やくそく　が　あります。

요 떼 -
① よてい 　　　　　　　　예정이 있습니다. (((🗣

쿠 루 마
② くるま 　　　　　　　　자동차가 있습니다. (((🗣

멧 세 - 지
③ メッセージ 　　　　　　메시지가 있습니다. (((🗣

팡
④ パン 　　　　　　　　　빵이 있습니다. (((🗣

단어 　よてい 예정 ｜ くるま 자동차 ｜ メッセージ 메시지 ｜ パン 빵

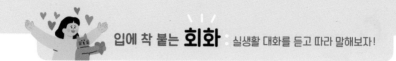
🎧 06-5.mp3

리에가 하나에게 형제 관계를 물어봅니다.

리에
쿄 ─ 다이 와 　이마스 까
きょうだいは　いますか❶。

하나
하 이 　아 니 가 　히 또 리 　이 마 스
はい。あにが　ひとり　います。
코 노 　샤 　신 노 　미 기 노 　히 또 가 　아 니 데 스
この　しゃしんの　みぎの　ひとが　あにです。

리에
와 　켁 꼬 ─ 　신 쵸 ─ 사 ❷ 　아 리 마 스 네
わ、けっこう　しんちょうさ　ありますね。
오 니 ─ 상 와 　난 사 이 　우 에 데 스 까 ❸
おにいさんは　なんさい　うえですか。

하나
산 사 이 　우 에 데 스 　리 에 상 와
さんさい　うえです。りえさんは？

리에
와 따 시 와 　이 모 ─ 또 가 　히 또 리 　이 마 스
わたしは　いもうとが　ひとり　います。

단어　**きょうだい** 형제 | **いますか** 있습니까? | **はい** 네 | **この** 이 | **しゃしん** 사진 | **〜の** ~의 |
みぎ 오른쪽 | **ひと** 사람 | **けっこう** 꽤, 제법, 그런대로 | **しんちょうさ** 신장 차이, 키 차이 |
ありますね 있네요 | **なんさい** 몇 살 | **うえ** 위 | **さんさい** 3살, 세 살 | **わたし** 나, 저 |
いもうと 여동생

Plus　일본에서도 저출산 문제는 심각합니다. 일본의 경우, 少子高齢化(소자고령화)라는 단어가 뉴스에 자주
언급되는데요. 이 말은 아이의 수는 적은 반면에 고령자들은 많아지고 있다는 뜻입니다.

82

리에   형제는 있어요?

하나   네. 오빠가 한 명 있어요.
           이 사진의 오른쪽 사람이 오빠예요.

리에   와, 키 차이가 꽤 나네요.
           오빠는 몇 살 위예요?

하나   세 살 위예요. 리에 씨는요?

리에   저는 여동생이 한 명 있어요.

표현

❶ **きょうだいは いますか 형제는 있어요?**
우리는 형제 관계를 물을 때 바로 '외동이세요?' '오빠 있어요?' '동생 있어요?'라고 묻기도 하지만,
일본은 형제, 자매, 외동 상관없이 처음에는 きょうだいは いますか(형제는 있어요?)라고 묻습니다.

❷ **しんちょうさ 키 차이**
しんちょう는 우리말로 직역하면 '신장', '키'를 의미하고, さ는 '차이'라는 뜻입니다. 따라서 키 차이를
말할 때 しんちょうさ라고 해요.

❸ **なんさい うえですか 몇 살 위예요?**
몇 살 연상인지 물을 때 쓰는 표현이에요. 몇 살 연하인지 물을 때는 なんさい (とし)したですか
(몇 살 아래예요?)라고 물을 수 있어요.

1. 잘 듣고 보기에서 알맞은 어휘를 골라 문장을 완성해 보세요.　🎧 06-6.mp3

> [보기]
>
> います ｜ こども ｜ パン ｜ あります ｜ が ｜ やくそく

① 아이가 있습니다.　　➡ _____ 。

② 빵이 있습니다.　　➡ _____ 。

③ 약속이 있습니다.　　➡ _____ 。

2. 우리말에 맞게 문장을 써 보고 완성된 문장을 큰 소리로 읽어 보세요.

① **きょうだい**(형제) **/ います**(있습니다)

➡ _____ 。 형제가 있습니다.

② **くるま**(자동차) **/ あります**(있습니다)

➡ _____ 。 자동차가 있습니다.

③ **よてい**(예정) **/ あります**(있습니다)

➡ _____ 。 예정이 있습니다.

1시는 어때요?

이 찌 지 와 도 - 데 스 까

いちじは どうですか。

오늘의 포인트 ✨

시간 묻기 / 시간 읽기

시간 + 는 어때요 ~은/는 어떻습니까?

이런 말을 할 수 있어요 💬

지금 몇 시예요? / 다섯 시는 어때요?

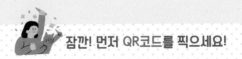

잠깐! 먼저 QR코드를 찍으세요!

책을 펼치고
동영상 강의를 보면서
학습을 시작합니다!

동영상 강의 보기   mp3 파일 듣기

🎧 07-1.mp3

1시 / 는 / 어떻습니까?

이 찌 지 와 도-데스 까
いちじ / は / どうですか

오늘은 시간 표현을 배워 봅시다. 약속 시간을 물을 때 보통 '~시는 어때요?'라고 묻죠? 일본어로는 〈숫자+じは どうですか〉라고 합니다. 시간 읽는 방법을 익혀서 다양한 시간을 넣어 연습해 보도록 해요. 자세한 시간 읽는 법은 부록 274~275쪽을 참고하세요.

いちじ ＋ は ＋ どうですか ＝ いちじは どうですか
　1시　　　　~은/는　　　어떻습니까?　　　　　　　1시는 어떻습니까?

📢 아래 문장을 듣고 따라 말해 보세요.

지금 / 은 / 어떻습니까?
이 마 와 도-데스 까
いま / は / どうですか

요즘 / 은 / 어떻습니까?
사 이 낑 와 도-데스 까
さいきん / は / どうですか

단어 いち 1 │ ~じ ~시 │ どうですか 어때요? │ いま 지금 │ さいきん 요즘, 최근

Tip 상대에게 의견을 물을 때는 ~は どうですか라고 묻습니다. 좀 더 격식을 차릴 때는 ~は どうでしょうか(~은 어떠실런지요?)라고 물 수도 있어요.

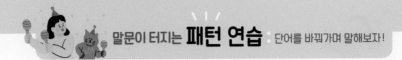
🎧 07-2.mp3

1시 는 어떻습니까?

이 찌 지 와 도 - 데 스 까
いちじ は どうですか。

① 쿄 -
きょう

오늘은 어떻습니까?))

② 아 시 따
あした

내일은 어떻습니까?))

③ 아 삿 떼
あさって

모레는 어떻습니까?))

④ 콤 방
こんばん

오늘 밤은 어떻습니까?))

단어 **きょう** 오늘 | **あした** 내일 | **あさって** 모레 | **こんばん** 오늘 밤

87

🎧 07-3.mp3

하나가 리에에게 주말에 카페에 가자고 합니다.

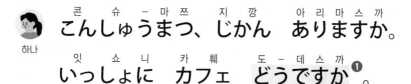

하나
콘 슈 ─ 마 쯔 　 지 깡 　 아 리 마 스 까
こんしゅうまつ、じかん　ありますか。
잇 쇼 니 　 카 훼 　 도 ─ 데 스 까
いっしょに　カフェ　どうですか❶。

리에
지 깐 또 　 바 쇼 　 와
じかんと　ばしょは？

하나
고 고 　 요 지 니 　 혼 데 익 꾸 에 끼 노 　 큐 ─ 방
ごご　よじに　ホンデイックえきの　9ばん
데 구 찌 와 　 도 ─ 데 스 까
でぐちは　どうですか。

리에
요 지 데 스 까 　 요 지 와 　 춋 또
よじですか。よじは　ちょっと……❷。
이 찌 지 와 　 도 ─ 데 스 까
いちじは　どうですか。

하나
옥 께 ─ 데 스
オッケーです❸！

단어 こんしゅうまつ 이번 주말 | じかん 시간 | いっしょに 함께, 같이 | カフェ 카페 | ～と ～와/과 |
ばしょ 장소 | ごご 오후 | よじ 4시 | ～に ～에 | えき 역 | ～ばん ～번 | でぐち 출구 |
ちょっと 좀, 조금 | オッケー OK, 좋다

Plus 일본에서는 시간을 말할 때 시간 앞에 '오전(ごぜん)' 혹은 '오후(ごご)'라는 말을 세트로 잘 씁니다.
'오전 11시'를 예로 들면, 아침 11시인지 밤 11시인지 헷갈리지 않도록 시간 앞에 '오전'이란 말을 붙여
ごぜん　11じ(오전 11시)라고 해요.

하나　이번 주말에 시간 있어요?
　　　같이 카페 어때요?

리에　시간이랑 장소는요?

하나　오후 4시에 홍대입구역 9번 출구는 어때요?

리에　4시요? 4시는 좀….
　　　1시는 어때요?

하나　좋아요!

❶ どうですか 어때요?
　실제 회화에서는 맨 끝의 か를 빼고 どうです?라고 더 짧게 물을 수도 있어요. 다만 か를 생략하는
　경우에는 끝을 올려 말해야 해요.

❷ ～は ちょっと…… ～는 좀…
　거절하기 곤란할 때는 ～は ちょっと……(～는 좀…)라는 말 한마디면 간단히 거절 의사를 나타낼 수
　있어요. 간접 화법을 자주 쓰는 일본에서 잘 쓰이는 거절 표현 중 하나입니다.

❸ オッケーです 좋아요, 알겠어요
　젊은층에서 자주 쓰는 표현이에요. 이외에 '알겠습니다'라는 뜻을 가진 표현으로는 캐주얼한 느낌의
　りょうかいです도 있어요.

1. 잘 듣고 보기에서 알맞은 어휘를 골라 문장을 완성해 보세요.　🎧 07-4.mp3

[보기]

は｜ごご｜どう｜こんばん｜
こんしゅうまつ｜ですか｜いちじ

① 오늘 밤은 어때요?　➡ _____。

② 오후 1시는 어때요?　➡ _____。

③ 이번 주말은 어때요?　➡ _____。

2. 우리말에 맞게 문장을 써 보고 완성된 문장을 큰 소리로 읽어 보세요.

① **いま** (지금) / **どうですか** (어때요?)

➡ _____。　지금은 어때요?

② **さいきん** (요즘) / **どうですか** (어때요?)

➡ _____。　요즘은 어때요?

③ **ごご** (오후) / **いちじ** (1시) / **ちょっと** (좀)

➡ _____。　오후 1시는 좀….

12월 30일부터 1월 1일까지예요.

じゅうに がつ　　さんじゅう にち

12月 30日から

いち がつ　　ついたち

1月 1日まで です。

오늘의 포인트 ✨

시간과 장소의 범위 한정 표현

～から ～まで ~부터 ~까지

이런 말을 할 수 있어요 💬

시험은 언제부터 언제까지예요? /
휴가는 월요일부터 수요일까지예요.

 잠깐! 먼저 QR코드를 찍으세요!

책을 펼치고
동영상 강의를 보면서
학습을 시작합니다!

　✕　　✕　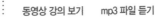

동영상 강의 보기　　mp3 파일 듣기

🎧 08-1.mp3

12월 30일 / 부터 / 1월 1일 / 까지 / 입니다

<ruby>12月<rt>じゅうにがつ</rt></ruby> <ruby>30日<rt>さんじゅうにち</rt></ruby> / から /

<ruby>1月<rt>いちがつ</rt></ruby> <ruby>1日<rt>ついたち</rt></ruby> / まで / です

오늘은 시간이나 장소의 시작과 끝을 나타내는 표현을 배워 봅시다. 우리말 '～부터 ～까지'라는 뜻을 나타내는 일본어는 〈～から～まで〉입니다. 다양한 시간과 장소 표현을 넣어서 문장을 만들어 보세요. 날짜 읽기 표현은 부록 266～268쪽을 참고하세요.

12月30日 + から + 1月1日 + まで + です

12월 30일　　　 ～부터　　　 1월 1일　　　 ～까지　　　 ～입니다

= 12月30日から1月1日までです

12월 30일부터 1월 1일까지입니다

 아래 문장을 듣고 따라 말해 보세요.

아침 / 부터 / 밤 / 까지 / 공부합니다	월요일 / 부터 / 일요일 / 까지 / 일합니다
<ruby>朝<rt>あさ</rt></ruby> / から / <ruby>夜<rt>よる</rt></ruby> / まで / べんきょうです	<ruby>月曜日<rt>げつようび</rt></ruby> / から / <ruby>日曜日<rt>にちようび</rt></ruby> / まで / しごとです

단어 <ruby>12月<rt>じゅうにがつ</rt></ruby> 12월 | <ruby>30日<rt>さんじゅうにち</rt></ruby> 30일 | ～から ～부터 | <ruby>1月<rt>いちがつ</rt></ruby> 1월 | <ruby>1日<rt>ついたち</rt></ruby> 1일 | ～まで ～까지 | <ruby>朝<rt>あさ</rt></ruby> 아침 | <ruby>夜<rt>よる</rt></ruby> 밤 |
べんきょう 공부 | <ruby>月曜日<rt>げつようび</rt></ruby> 월요일 | <ruby>日曜日<rt>にちようび</rt></ruby> 일요일 | しごと 일

Tip 우리는 보통 '～부터 ～까지 공부입니다'가 아닌 '～부터 ～까지 공부합니다'라고 하죠. 이처럼 일본어에서는 명사에 です를 붙인 표현으로 '～합니다'를 대신하기도 합니다.

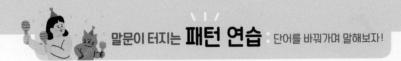
🎧 08-2.mp3

12월 30일 부터 1월 1일 까지 여행 입니다.

_{じゅうに がつ} _{さんじゅう にち} _{いち がつ} _{ついたち}
12月 30日 から 1月 1日 まで

りょこう です。

① _{ご ぜん} _{ご ご} _{あめ}
午前 / 午後 / 雨   오전부터 오후까지 비입니다.))))

② _{きょう} _{やす}
今日 / あさって / 休み   오늘부터 모레까지 쉬는 날입니다.))))

③ _{こんしゅう} _{らいしゅう}
今週 / 来週 / セール   이번 주부터 다음 주까지 세일입니다.))))

④ _{こんげつ} _{らいげつ}
今月 / 来月 / イベント   이번 달부터 다음 달까지 이벤트입니다.))))

단어   **りょこう** 여행 | _{ご ぜん}**午前** 오전 | _{ご ご}**午後** 오후 | _{あめ}**雨** 비 | _{きょう}**今日** 오늘 | **あさって** 모레 | _{やす}**休み** 쉬는 날 |
_{こんしゅう}**今週** 이번 주 | _{らいしゅう}**来週** 다음 주 | **セール** 세일 | _{こんげつ}**今月** 이번 달 | _{らいげつ}**来月** 다음 달 | **イベント** 이벤트

🎧 08-3.mp3

리에가 하나에게 연말 일정을 물어봅니다.

리에 もう　年末ですね!

하나 ほんとう!　もう　12月ですね。

리에 年末は　何か　予定　ありますか。

하나 はい。12月　30日から　1月　1日❶まで
おんせん　りょこうです。

리에 いいなぁ❷。

하나 りえさんは　年末の　予定　ありますか。

리에 いいえ、予定は　特に　ありません❸。

단어 もう 이미, 벌써 | 年末 연말 | ほんとう 정말, 진짜 | 何か 무언가 | 予定 예정 | おんせん 온천 |
いい 좋다 | いいえ 아니요 | 特に 특히, 특별히 | ありません 없습니다〈식물·사물〉

Plus 일본에서는 '설날'을 お正月라고 하는데요. 한국이 설날을 음력으로 쇠는 것과 달리, 일본은 양력 1월 1일을 설로 지냅니다. 따라서 大晦日라 불리는 12월 31일부터 온 가족이 모여 설맞이 준비에 들어가 1월 1일 새해 아침을 같이 맞이해요.

리에 　벌써 연말이네요.

하나 　정말요! 벌써 12월이네요.

리에 　연말엔 뭔가 계획 있어요?

하나 　네. 12월 30일부터 1월 1일까지 온천 여행이에요.

리에 　좋겠다~.

하나 　리에 씨는 연말 계획 있어요?

리에 　아니요, 계획은 특별히 없어요.

표현

❶ 1日 1일
　ついたち
날짜를 읽을 때 1日(1일)은 いちにち가 아닌 ついたち라고 읽습니다. 1日을 いちにち라고 읽으면
'하루'라는 뜻이 되니 주의하세요!

❷ いいなぁ 좋겠다~
부러움을 나타낼 때 いいな(좋겠다)라고 하는데 이때 말끝을 늘려 いいなぁ라고 할 수도 있어요.
또한 「いいなぁ～。うらやましいです!」(좋겠다~. 부러워요!)와 같이 좋겠다는 말은 부럽다는 말과
세트로 잘 쓰이니 함께 알아 두세요!

❸ 特に ありません 특별히 없어요
　とく
特に ありません은 하나의 표현처럼 잘 쓰입니다. 이유가 딱히 없을 때 「りゆうは 特に ありません」
　とく　　とく
(이유는 특별히 없어요)이라고 쓸 수 있으며, 그 외에도 「アレルギーは 特に ありません」(알레르기는
　　　　　　　　　　　　　　　　　　　　　　　　　　　　　　　　　とく
특별히 없어요)과 같이 응용해서 쓸 수 있어요.

1. 잘 듣고 보기에서 알맞은 어휘를 골라 문장을 완성해 보세요.   🎧 08-4.mp3

[보기]

にちようび
日曜日 | から | りょこう | まで | セール | 午前 ごぜん

げつようび   らいしゅう   あめ   ごご
月曜日 | 来週 | 雨 | です | 午後

① 월요일부터 일요일까지 여행입니다. ➡ _____ 。

② 오전부터 오후까지 비입니다. ➡ _____ 。

③ 다음 주까지 세일입니다. ➡ _____ 。

2. 우리말에 맞게 문장을 써 보고 완성된 문장을 큰 소리로 읽어 보세요.

① 朝 あさ (아침) / 夜 よる (밤) / しごと (일)

➡ _____ 。 아침부터 밤까지 일합니다.

② 今日 きょう (오늘) / 明日 あした (내일) / 休み やす (쉬는 날)

➡ _____ 。 오늘부터 내일까지 쉬는 날입니다.

③ 今月 こんげつ (이번 달) / 来月 らいげつ (다음 달) / イベント (이벤트)

➡ _____ 。 이번 달부터 다음 달까지 이벤트입니다.

Unit 09

어제는 쉬는 날이었어요.

<ruby>昨日<rt>きのう</rt></ruby>は <ruby>休<rt>やす</rt></ruby>みでした。

오늘의 포인트 ✨

명사의 과거

명사 + でした　~이었습니다

이런 말을 할 수 있어요 💬

남자 친구였어요? / 최고였어요.

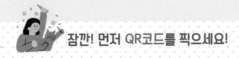

잠깐! 먼저 QR코드를 찍으세요!

 책을 펼치고
동영상 강의를 보면서
학습을 시작합니다!

 동영상 강의 보기　　mp3 파일 듣기

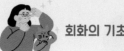
🎧 09-1.mp3

어제 / 는 / 쉬는 날 / 이었습니다

<ruby>昨日<rt>きのう</rt></ruby> / は / <ruby>休<rt>やす</rt></ruby>み / でした

오늘은 명사의 과거문을 배워 봅시다. 〈명사+でした〉는 '～이었습니다'라는 뜻입니다. 앞서 배운 です(～입니다)와 마찬가지로 명사만 알면 다양한 문장을 만들어 낼 수 있어요. 다양한 명사를 넣어 과거형 문장을 만들어 보세요.

<ruby>昨日<rt>きのう</rt></ruby> ＋ は ＋ <ruby>休<rt>やす</rt></ruby>み ＋ でした ＝ <ruby>昨日<rt>きのう</rt></ruby>は <ruby>休<rt>やす</rt></ruby>みでした
어제 　 ～은/는 　 쉬는 날 　 ～이었습니다 　 　 어제는 쉬는 날이었습니다

📢 아래 문장을 듣고 따라 말해 보세요.

고백 / 은 / 실패 / 였습니다

<ruby>告白<rt>こくはく</rt></ruby> / は / <ruby>失敗<rt>しっぱい</rt></ruby> / でした

첫 만남 / 은 / 직장 / 이었습니다

<ruby>出会<rt>で あ</rt></ruby>い / は / <ruby>職場<rt>しょく ば</rt></ruby> / でした

단어 <ruby>昨日<rt>きのう</rt></ruby> 어제 | <ruby>休<rt>やす</rt></ruby>み 쉬는 날 | <ruby>告白<rt>こくはく</rt></ruby> 고백 | <ruby>失敗<rt>しっぱい</rt></ruby> 실패 | <ruby>出会<rt>で あ</rt></ruby>い (우연한, 첫) 만남 | <ruby>職場<rt>しょく ば</rt></ruby> 직장

Tip ～ですか(～입니까?)와 마찬가지로 ～でした(～이었습니다) 뒤에 か만 붙이면 '～였습니까?'라는 명사의 과거를 묻는 의문 표현이 됩니다.

예 <ruby>告白<rt>こくはく</rt></ruby>は <ruby>失敗<rt>しっぱい</rt></ruby>でしたか。 고백은 실패였습니까? / <ruby>出会<rt>で あ</rt></ruby>いは <ruby>職場<rt>しょく ば</rt></ruby>でしたか。 첫 만남은 직장이었습니까?

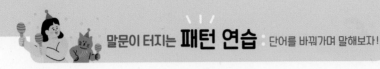
🎧 09-2.mp3

어제 는 쉬는 날 이었습니다.

<ruby>昨日<rt>きのう</rt></ruby> は <ruby>休<rt>やす</rt></ruby>み でした。

❶ <ruby>日本<rt>に ほん</rt></ruby> / <ruby>雨<rt>あめ</rt></ruby>　　　　　　　일본은 비였습니다(비가 내렸어요). (((🙂

❷ お<ruby>昼<rt>ひる</rt></ruby>ごはん / おにぎり　　　점심밥은 삼각김밥이었습니다. (((🙂

❸ かばん / にせもの　　　　　가방은 모조품이었습니다. (((🙂

❹ コンサート / <ruby>最高<rt>さいこう</rt></ruby>　　　　콘서트는 최고였습니다. (((🙂

단어 <ruby>日本<rt>に ほん</rt></ruby> 일본 | <ruby>雨<rt>あめ</rt></ruby> 비 | お<ruby>昼<rt>ひる</rt></ruby>ごはん 점심밥 | おにぎり 삼각김밥, 주먹밥 | かばん 가방 |

にせもの 모조품 | コンサート 콘서트 | <ruby>最高<rt>さいこう</rt></ruby> 최고

Tip お<ruby>昼<rt>ひる</rt></ruby>ごはん은 줄여서 お<ruby>昼<rt>ひる</rt></ruby>라고도 쓸 수 있습니다.

🎧 09-3.mp3

월요일에 만난 리에와 하나. 하나의 다크서클을 보고 리에가 물어봅니다.

리에

昨日は 休みでしたか。

하나

いいえ、仕事でした。

리에

また 仕事でしたか。

하나

はい、最近 うちの 会社は 土日❶も
仕事です。今日も、明日も 毎日が 仕事です。

리에

あらら、お疲れ様です❷。

단어 いいえ 아니요 | 仕事 일 | また 또 | はい 네 | 最近 요즘, 최근 | うち 우리 | ～の ～의 |
会社 회사 | 土日 토요일과 일요일, 주말 | ～も ～도 | 今日 오늘 | 明日 내일 | 毎日 매일 |
あらら 에구구, 어머나 | お疲れ様です 수고하십니다

Plus 일본 회사원들 사이에서 아주 유명한 단어가 있습니다. 바로 社畜(사축)라는 단어인데요. 社畜는 '회사'의
社(사), '가축'의 畜(축)이 합쳐진 말로 '회사의 가축', 즉 가축마냥 회사에 길들여진 상태를 자조하는 말입
니다. '사축'으로 살아가는 인생을 비관하는 한편, 스스로가 社畜라고 자학 개그할 때 쓰곤 해요.

리에   어제는 휴일이었어요?

하나   아니요, 일했어요.

리에   또 일했어요?

하나   네, 요즘 저희 회사는 주말도 일해요.
       오늘도 내일도 매일이 일이에요.

리에   에구구, 고생이 많으세요.

❶ 土日 토요일과 일요일, 주말

'주말'이라는 단어는 週末입니다. 하지만 회화에서는 토요일과 일요일을 합친 土日를 '주말'이라고 표현
하기도 해요.

❷ お疲れ様です 수고하십니다

お疲れ様です(수고하십니다) 혹은 お疲れ様でした(수고하셨습니다)의 형태로, 퇴근할 때 회사 동료
에게 자주 쓰는 인사말입니다. 이외에 ごくろうさまです라는 표현도 있는데, 이 표현은 윗사람이 아랫
사람의 노고를 위로하는 말이기 때문에 아랫사람이 윗사람에게 혹은 같이 일한 동료에게 쓰기에는 부적
절합니다.

1. 잘 듣고 보기에서 알맞은 어휘를 골라 문장을 완성해 보세요.　　　　🎧 09-4.mp3

[보기]

| 日本
_{にほん} | でした | 雨
_{あめ} | コンサート | は |
| にせもの | かばん | 最高
_{さいこう} | | |

❶ 일본은 비였어요(비가 내렸어요). ➡ _____ 。

❷ 가방은 모조품이었어요. ➡ _____ 。

❸ 콘서트는 최고였어요. ➡ _____ 。

2. 우리말에 맞게 문장을 써 보고 완성된 문장을 큰 소리로 읽어 보세요.

❶ **お疲れ様です** (수고하십니다)
_{つか} _{さま}

➡ _____ 。 수고하셨습니다.

❷ **出会い** (첫 만남) / **職場** (직장)
_{で あ} _{しょく ば}

➡ _____ 。 첫 만남은 직장이었습니다.

❸ **告白** (고백) / **失敗** (실패)
_{こく はく} _{しっ ぱい}

➡ _____ 。 고백은 실패였습니다.

꽃미남이 아니었습니다.

イケメンじゃ
ありませんでした。

오늘의 포인트 ✦

명사의 과거 부정

명사 + じゃ ありませんでした
~이/가 아니었습니다

이런 말을 할 수 있어요 💬

여자 친구가 아니었어요? / 진품이 아니었어요.

 잠깐! 먼저 QR코드를 찍으세요!

책을 펼치고
동영상 강의를 보면서
학습을 시작합니다!

 동영상 강의 보기　mp3 파일 듣기

🎧 10-1.mp3

꽃미남 / 이 아니었습니다

イケメン /
じゃ ありませんでした

오늘은 명사의 과거 부정문을 배워 봅시다. 명사의 과거 부정문은 〈명사+じゃ ありませんでした〉 형태로 우리말 '~이/가 아니었어요'를 의미합니다. 다양한 명사를 넣어서 문장을 만들어 보세요.

イケメン + じゃ ありませんでした
　꽃미남　　　　　　　～이/가 아니었습니다

= イケメンじゃ ありませんでした
　　꽃미남이 아니었습니다

 아래 문장을 듣고 따라 말해 보세요.

감기 / 가 아니었습니다	혼자 / 가 아니었습니다
かぜ / じゃ ありませんでした	一人 / じゃ ありませんでした

단어 イケメン 꽃미남 | かぜ 감기 | 一人(ひとり) 한 명, 혼자

Tip ～じゃ ありません(~이 아닙니다)에 과거 표현 ～でした(~였습니다)를 붙이면 ～じゃ ありませんでした(~이 아니었어요)가 됩니다. 이때 더욱 캐주얼한 느낌을 내고 싶다면 ～じゃ なかったです로 변형해서 쓸 수 있습니다.

예 かぜじゃ なかったです。 감기가 아니었어요. / 一人(ひとり)じゃ なかったです。 혼자가 아니었어요.

🎧 10-2.mp3

꽃미남 이 아니었습니다.

イケメン じゃ ありませんでした。

① <ruby>水<rt>みず</rt></ruby>　　　　　　　　　　　　　　　　물이 아니었습니다. (((🗣

② カフェ　　　　　　　　　　　　　　　카페가 아니었습니다. (((🗣

③ うわさ　　　　　　　　　　　　　　　소문이 아니었습니다. (((🗣

④ <ruby>本物<rt>ほんもの</rt></ruby>　　　　　　　　　　　　　　진품이 아니었습니다. (((🗣

단어　<ruby>水<rt>みず</rt></ruby> 물 | カフェ 카페 | うわさ 소문 | <ruby>本物<rt>ほんもの</rt></ruby> 진품, 진짜

Tip　～じゃ ありませんでした는 ～じゃ なかったです로 변형해서 쓸 수 있어요. 여기에 추가로 ん을
덧붙이면 ～じゃ なかったんです의 형태로 이유나 원인을 나타낼 때 쓰는 우리말 '～가 아니었던 말이
에요'라는 뜻이 됩니다. 다만, ～んです 표현은 자주 사용하면 아이가 칭얼거리는 느낌을 주니 적당히 사
용하도록 해요.

105

🎧 10-3.mp3

하나가 사진을 들여다보며 리에의 남자 친구가 누구인지 물어봅니다.

하나 この^❶　中_{なか}で　彼氏_{かれし}は　だれですか。

리에 この　人_{ひと}です。

하나 イケメンですね！

리에 今_{いま}は　イケメンですけど^❷、前_{まえ}は　イケメンじゃ
ありませんでした。

하나 え、うそ！

리에 本当_{ほんとう}です。

단어 この 이 ｜ ～中_{なか}で ～중에서, ～안에서 ｜ 彼氏_{かれし} 남자 친구 ｜ だれ 누구 ｜ ～ですか ～입니까? ｜ 人_{ひと} 사람 ｜
今_{いま} 지금 ｜ ～けど ～이지만 ｜ 前_{まえ} 전, 예전 ｜ うそ 거짓말 ｜ 本当_{ほんとう} 정말, 진짜

Plus '너무 잘 어울리는 한 쌍이에요'라고 커플을 칭찬할 때 일본에서는 뭐라고 할까요? 바로 「とても お似合_{にあ}
いの カップルですね。」라고 하면 됩니다. 혹은 '두 분 너무 어울리고 미남 미녀세요'라는 최고의 칭찬
도 있는데요. 이때는 「二人_{ふたり}とも お似合_{にあ}いで、美男美女_{びなんびじょ}です。」라고 하면 됩니다.

하나   이 중에서 남자 친구는 누구예요?

리에   이 사람이에요.

하나   **꽃미남이네요!**

리에   **지금은 꽃미남이지만, 전에는 꽃미남이 아니었어요.**

하나   **에, 거짓말!**

리에   **진짜예요.**

표현

❶ **この 이**

–の 앞에 오는 한 글자만 바꾸면 여기저기에 있는 명사를 가리키는 말이 됩니다. 한꺼번에 외워 두세요.

この	その	あの	どの
이	그	저	어느

❷ **～ですけど ～입니다만**

이 표현은 문장 끝에 오는 표현으로 역접의 의미를 가집니다. 비슷한 의미의 표현으로는 ～ですが가 있으며 '～입니다만'이라는 동일한 뜻으로 쓰이지만, ～ですが가 격식을 차리는 말투로 정중한 느낌을 주는 반면, ～ですけど는 가볍고 캐주얼한 회화에서 자주 쓰입니다.

1. 잘 듣고 보기에서 알맞은 어휘를 골라 문장을 완성해 보세요. 🎧 10-4.mp3

[보기]

一人（ひとり）｜ じゃ ｜ 本物（ほんもの）｜ イケメン ｜ ありませんでした

❶ 진품이 아니었어요. ➡ _____。

❷ 혼자가 아니었어요. ➡ _____。

❸ 꽃미남이 아니었어요. ➡ _____。

2. 우리말에 맞게 문장을 써 보고 완성된 문장을 큰 소리로 읽어 보세요.

❶ **うわさ**(소문)

➡ _____。 소문이 아니었어요.

❷ **カフェ**(카페)

➡ _____。 카페가 아니었어요.

❸ **かぜ**(감기)

➡ _____。 감기가 아니었어요.

PART 1 주요 한자

Unit 01~Unit 10에서 배운 한자 중 꼭 눈에 익혀야 할 한자만 모았습니다. 이해하기 쉽게 한자마다 부수나 모양으로 재미있게 스토리를 붙였습니다. 가볍게 읽으면서 부담없이 한자를 익혀 봐요.

이제 금	쉴 휴
한(一) 명의 사람(人)이 'ㄱ'자를 씁니다. ㄱ, ㄴ, ㄷ··· 지금부터 한글을 배우나 봐요.	사람(亻)이 나무(木) 옆에서 쉽니다. 쉬는 날인가 봐요.
^{いま}今 지금	^{やす}休み 쉬는 날

앞 전	섬길 사
더 이상 갈 곳이 없어 멈춘(止) 곳에 배(舟 → 月)가 있어요. 칼(刂)을 찬 사람을 피하려면 바로 앞에 있는 배를 타야 해요.	선비(士)도 사람(亻)인지라 먹고 살기 위해 일합니다.
^{まえ}前 앞	^{しごと}仕事 일

피곤할 피

疲

살가죽(皮)도 병들(疒) 만큼 피곤해요.
벌써 뾰루지가 올라왔네요.

疲れる <ruby>つか<rt></rt></ruby> 지치다

고할 고

告

소(牛)가 입(口)으로 음매음매 하네요.
알리고 싶은 것이 있나 봐요.

告白 고백
告げる 고하다, 알리다

모일 회

会

말을 전하기(云) 위해 사람(人)을 만나요.

会う <ruby>あ<rt></rt></ruby> 만나다

모일 사

社

신에게 믿음을 보이기(示) 위해
특정 땅(土)에 모여 사회를 이루었어요.

社会 しゃかい 사회

い형용사

'맛있다, 귀엽다, 대단하다, 멋있다, 재미있다, 즐겁다'처럼 사물의 상태나 모양을 나타내며,
끝이 ～い로 끝나는 형용사를 'い형용사'라고 해요.

맛있다
おいしい

귀엽다
かわいい

대단하다
すごい

멋있다
かっこいい

재미있다
おもしろい

즐겁다
たのしい

🔍 한눈에 보는 〈い형용사〉 포인트

い형용사의 긍정	い형용사 기본형 + です	~합니다/~습니다
い형용사의 부정	い형용사 어간 + く ありません	~지 않습니다
い형용사의 과거	い형용사 어간 + かったです	~했습니다
い형용사의 과거 부정	い형용사 어간 + く ありませんでした	~지 않았습니다
い형용사의 명사 수식	い형용사 기본형 + 명사	~한 ~
い형용사의 연결	い형용사 어간 + くて	~하고, ~해서

밤샘은 힘들어요.

オールは きついです。

오늘의 포인트 ✦

い형용사의 긍정

い형용사 기본형 + です　~합니다 / ~습니다

이런 말을 할 수 있어요 💬

그는 멋있어요. / 사랑은 어려워요.

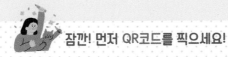

잠깐! 먼저 QR코드를 찍으세요!

🎧 11-1.mp3

밤샘 / 은 / 힘듭 / 니다

オール / は / きつい / です

오늘은 い형용사의 긍정문을 배워 봅시다. い형용사는 사물의 상태나 모양을 표현하는 말로 맨 끝이 い로 끝나는데요. い형용사는 단독으로 쓰기도 하고 명사를 수식할 때도 사용됩니다. 또한 ~い로 끝나는 기본형을 사용하면 그 자체로 반말 표현이 되고, 기본형 뒤에 です를 붙이면 '~합니다/~습니다'라는 정중 표현이 돼요. 단어만 외우면 바로 실전에서 사용할 수 있는 말이니 다양한 い형용사를 넣어 문장을 만들어 보세요.

きつい + です = きついです
힘들다   ~입니다   힘듭니다

📢 아래 문장을 듣고 따라 말해 보세요.

겨울 / 은 / 춥 / 습니다

冬(ふゆ) / は / 寒(さむ)い / です

그 / 는 / 멋있 / 습니다

彼(かれ) / は / かっこいい / です

단어   オール 밤샘 * all night의 줄임말 | きつい 힘들다, 빡세다 | 冬(ふゆ) 겨울 | 寒(さむ)い 춥다 | 彼(かれ) 그 |
かっこいい 멋있다

Tip   い형용사의 기본형은 그 자체로 반말 표현이 되고, 뒤에 ~ですか를 붙이면 '~합니까?/~습니까?'라는 정중한 의문 표현이 됩니다.

예 きつい 힘들다, 힘들어 / 冬(ふゆ)は 寒(さむ)いですか。겨울은 춥습니까? /
彼(かれ)は かっこいいですか。그는 멋있습니까?

114

🎧 11-2.mp3

밤샘 은 힘듭 니다.

オール は きつい です。

① こんげつ いそが
今月 / 忙しい　　　　　　　　　이달은 바쁩니다. (((😃

② えい が おもしろ
映画 / 面白い　　　　　　　　　영화는 재미있습니다. (((😃

③ に ほん ご たの
日本語 / 楽しい　　　　　　　　일본어는 즐겁습니다. (((😃

④ こい むずか
恋 / 難しい　　　　　　　　　　사랑은 어렵습니다. (((😃

단어　こんげつ いそが えい が おもしろ に ほん ご たの
今月 이번 달 | **忙しい** 바쁘다 | **映画** 영화 | **面白い** 재미있다 | **日本語** 일본어 | **楽しい** 즐겁다 |
こい むずか
恋 사랑 | **難しい** 어렵다

Tip　일본어에서 '사랑'을 뜻하는 단어는 두 가지가 있습니다. 남녀 간의 애정을 뜻하는 사랑은 こい **恋**라고 하고,
연애, 자애, 모성애 등을 포함한 포괄적인 사랑은 あい **愛**라고 해요.

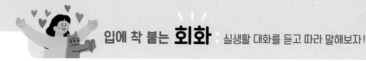

🎧 11-3.mp3

하나가 리에에게 불금에 같이 노래방에 가자고 합니다.

하나
いっしょ
一緒に　カラオケ　どうですか。

리에
いつですか。

하나
あした
明日は　どうですか。

리에
あ、いいです！ えっ、明日は　金曜日ですが、
もしかして　オール❶？

하나
もちろん、オールです！

리에
オールは　ちょっと　きついですが……❷。

단어
いっしょ
一緒に 같이, 함께 ｜ **カラオケ** 노래방 ｜ **どうですか** 어때요?, 어떻습니까? ｜ **いつ** 언제 ｜ あした 明日 내일 ｜
いい 좋다 ｜ きんようび 金曜日 금요일 ｜ **～ですが** ~입니다만 ｜ **もしかして** 혹시 ｜ **オール** 밤샘(all night) ｜

もちろん 물론 ｜ **ちょっと** 조금, 좀

Plus
일본에도 우리의 '불금(불타는 금요일)'과 같은 표현이 있는데요. 일본에서는 금요일을 꽃에 빗대어
はなきん
花金(꽃의 금요일)이라고 합니다.
はなきん
예 もうすぐ 花金だね. 이제 곧 불금이네.
はなきん なに
花金 何 するの? 불금에 뭐 할 거야?

116

하나   같이 노래방 어때요?

리에   언제요?

하나   내일은 어때요?

리에   아, 좋아요! 어, 내일은 금요일인데,
      혹시 밤샘?

하나   물론 밤샘이죠!

리에   밤샘은 좀 힘든데요….

❶ オール 밤샘

막차를 놓쳤을 때 일본 젊은이들의 최후 수단 중 하나인 노래방 올나이트(all night)를 가리키는 말입니다. 밤에 할증이 붙는 택시 요금이 부담스럽거나 하루 종일 놀고 싶을 때는 새벽 내내 노래방에서 노래를 부르거나 소파에서 잠시 휴식을 취해요.

❷ きついですが 힘든데요

딱 잘라 きついです라고 하면 직설적인 표현이 되어 상대방에게 부담을 줄 수 있습니다. 넌지시 말을 내뱉는 뉘앙스의 ～ですが(～입니다만)를 쓰면 좀 더 자연스럽게 거절 의사를 표현할 수 있습니다. 또한 きつい라는 표현은 정도가 심하여 혹독하고 고된 일로 힘들 때 사용하는 말이므로 요즘 젊은 사람들이 쓰는 '빡세다'라는 말로 해석할 수 있어요.

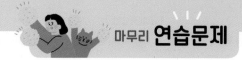

1. 잘 듣고 보기에서 알맞은 어휘를 골라 문장을 완성해 보세요. 🎧 11-4.mp3

[보기]

| 寒い
_{さむ} | 忙しい
_{いそが} | 冬
_{ふゆ} | 今月
_{こんげつ} | は | 面白い
_{おもしろ} | です | 映画
_{えい が} |

① 겨울은 춥습니다. ➡ _____ 。

② 이번 달은 바쁩니다. ➡ _____ 。

③ 영화는 재미있습니다. ➡ _____ 。

2. 우리말에 맞게 문장을 써 보고 완성된 문장을 큰 소리로 읽어 보세요.

① 恋_{こい}(사랑) / 難しい_{むずか}(어렵다)

➡ _____ 。 사랑은 어렵습니다.

② オール(밤샘) / きつい(힘들다)

➡ _____ 。 밤샘은 힘듭니다.

③ 日本語_{に ほん ご}(일본어) / 楽しい_{たの}(즐겁다)

➡ _____ 。 일본어는 즐겁습니다.

아프지 않아요.

^{いた}痛く ありません。

오늘의 포인트 ✦

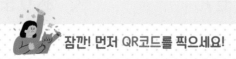

い형용사의 부정

い형용사 어간 + く ありません ~지 않습니다

이런 말을 할 수 있어요 💬

넓지 않아요. / 멀지 않아요. / 외롭지 않아요.

잠깐! 먼저 QR코드를 찍으세요!

책을 펼치고
동영상 강의를 보면서
학습을 시작합니다!

▶ 동영상 강의 보기 ✕ 🎧 mp3 파일 듣기 ✕ 📖

🎧 12-1.mp3

아프 / 지 않습니다
痛_{いた} / く ありません

오늘은 い형용사의 부정문을 배워 봅시다. い형용사의 부정문은 〈い형용사 어간+く ありません〉의 형태로 '〜지 않습니다'라는 뜻이 됩니다. い형용사의 맨 끝에 있는 い를 없애고 く 아리마셍을 붙이면 돼요. 다양한 い형용사를 넣어 문장을 만들어 보세요.

痛_{いた}い + く ありません = 痛_{いた}く ありません
아프다   〜지 않습니다   아프지 않습니다

📢 아래 문장을 듣고 따라 말해 보세요.

방 / 은 / 넓 / 지 않습니다
部屋_{へや} / は / 広_{ひろ} /
く ありません

카레 / 는 / 맛있 / 지 않습니다
カレー / は / おいし /
く ありません

단어 痛_{いた}い 아프다 | 部屋_{へや} 방 | 広_{ひろ}い 넓다 | カレー 카레 | おいしい 맛있다

Tip 〜く ありません 대신에 〜く ないです로 바꿔 쓸 수 있습니다. 또한 です를 떼고 〜く 나이라고 하면 '〜지 않다'라는 반말 표현이 됩니다.
예 痛_{いた}く ない。아프지 않다. / 広_{ひろ}く ない。넓지 않다.

아프 지 않습니다.

痛^{いた} く ありません。

① 嬉^{うれ}しい
기쁘지 않습니다. (((😮

② 寂^{さび}しい
외롭지 않습니다. (((😮

③ 近^{ちか}い
가깝지 않습니다. (((😮

④ 遠^{とお}い
멀지 않습니다. (((😮

단어 嬉^{うれ}しい 기쁘다 | 寂^{さび}しい 외롭다, 쓸쓸하다 | 近^{ちか}い 가깝다 | 遠^{とお}い 멀다

입에 착 붙는 **회화** : 실생활 대화를 듣고 따라 말해보자!

🎧 12-3.mp3

리에의 건강에 문제가 생겼습니다. 하나는 리에의 고통을 들어줍니다.

리에

<ruby>最近<rt>さいきん</rt></ruby>、べんぴで❶ <ruby>苦<rt>くる</rt></ruby>しいです。

하나

<ruby>毎日<rt>まいにち</rt></ruby> べんぴですか。

리에

はい。<ruby>毎日<rt>まいにち</rt></ruby> べんぴで❶ <ruby>辛<rt>つら</rt></ruby>いです。

하나

あらら、ひどいですね。<ruby>痛<rt>いた</rt></ruby>いですか。

리에

<ruby>痛<rt>いた</rt></ruby>くは ないですが……❷。

하나

お<ruby>大事<rt>だい じ</rt></ruby>に❸。

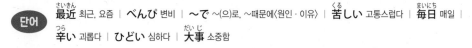

단어　<ruby>最近<rt>さいきん</rt></ruby> 최근, 요즘 │ べんぴ 변비 │ ～で ～(으)로, ～때문에〈원인 · 이유〉 │ <ruby>苦<rt>くる</rt></ruby>しい 고통스럽다 │ <ruby>毎日<rt>まいにち</rt></ruby> 매일 │ <ruby>辛<rt>つら</rt></ruby>い 괴롭다 │ ひどい 심하다 │ <ruby>大事<rt>だい じ</rt></ruby> 소중함

Plus　일본에서도 병문안을 갈 때면 보통 꽃 선물을 하는데요. 이때 절대로 국화꽃을 선물해서는 안 됩니다. 이는 한국과 마찬가지로 일본에서도 국화꽃이라 하면 장례식을 떠올리기 때문이에요. 번외로 한국에서는 젓가락으로 음식을 집어서 건네주는 일이 대수롭지 않지만, 일본에서는 금물입니다. 일본에서는 사람이 죽으면 화장 후 남은 유골을 2인 1조로 젓가락으로 집어 항아리에 옮겨 담습니다. 이 때문에 식사 시 '젓가락으로 건네주기(<ruby>箸渡<rt>はしわた</rt></ruby>し)'를 해서는 안 됩니다.

리에 　요즘 변비 때문에 고통스러워요.

하나 　매일 변비예요?

리에 　네. 매일 변비 때문에 괴로워요.

하나 　어머나, 심하군요. 아파요?

리에 　아프지는 않지만….

하나 　몸조리 잘하세요.

표현

❶ べんぴで 변비로 / 변비 때문에

で는 앞에 오는 말에 따라 '～에서'라는 장소를 나타내기도 하고, '～(으)로'라는 도구나 수단을 나타내는
데요. 여기서는 '변비로, 변비 때문에'라는 원인이나 이유를 나타냅니다.

❷ 痛く は ないですが…… 아프지는 않지만…

～く ないです는 ～く ありません의 회화체 표현입니다. 여기에 조사 は(～은/는)를 덧붙여 '～지는
않습니다'라는 뜻이 되었어요.

❸ お大事に 몸조리 잘하세요

상대방이 아플 때 몸조리 잘하라는 뜻으로 많이 쓰는 표현입니다. 하지만 이 표현은 전체 문장을 생략
해 말하는 표현이므로 윗사람에게 공손히 말할 때에는 「お大事に して ください。」혹은 「お大事に
なさって ください。」라는 표현을 추천해요.

123

1. 잘 듣고 보기에서 알맞은 어휘를 골라 문장을 완성해 보세요. 🎧 12-4.mp3

[보기]

遠(とお) | 嬉(うれ)し | く ありません | 寂(さび)し

❶ 기쁘지 않습니다. ➡ _____ 。

❷ 멀지 않습니다. ➡ _____ 。

❸ 외롭지 않습니다. ➡ _____ 。

2. 우리말에 맞게 문장을 써 보고 완성된 문장을 큰 소리로 읽어 보세요.

❶ 広(ひろ)い (넓다)

➡ _____ 。 넓지 않습니다.

❷ 近(ちか)い (가깝다)

➡ _____ 。 가깝지 않습니다.

❸ おいしい (맛있다)

➡ _____ 。 맛있지 않습니다.

도쿄는 즐거웠어요.

<ruby>東<rt>とう</rt></ruby><ruby>京<rt>きょう</rt></ruby>は <ruby>楽<rt>たの</rt></ruby>しかったです。

오늘의 포인트 ✨

> ### い형용사의 과거
>
> い형용사 어간 **+** かったです   ~했습니다

이런 말을 할 수 있어요 💬

> 비쌌어요. / 맛있었어요. / 선선했어요.

 잠깐! 먼저 QR코드를 찍으세요!

책을 펼치고
동영상 강의를 보면서
학습을 시작합니다!

 × ×

동영상 강의 보기   mp3 파일 듣기

🎧 13-1.mp3

도쿄 / 는 / 즐거 / 웠습니다

とう きょう   たの
東京 / は / 楽し / かったです

오늘은 い형용사의 과거 긍정문을 배워 봅시다. い형용사의 과거 표현은 〈い형용사 어간＋
かったです〉의 형태로 '～했어요'라는 뜻입니다. い형용사 맨 끝의 い를 없애고 かったです를
붙이면 돼요. 다양한 い형용사로 문장을 만들어 보세요.

たの   たの
楽しい＋かったです ＝ 楽しかったです
즐겁다   ～했습니다   즐거웠습니다

 아래 문장을 듣고 따라 말해 보세요.

초밥 / 은 / 맛있 / 었습니다

すし / は / おいし /
かったです

가방 / 은 / 비 / 쌌습니다

たか
かばん / は / 高 /
かったです

단어   とうきょう   たの
          東京 도쿄〈지명〉 ｜ 楽しい 즐겁다 ｜ すし 초밥 ｜ おいしい 맛있다 ｜ かばん 가방 ｜
          たか
          高い (가격이) 비싸다, (높이가) 높다

Tip   ～かったです에서 です를 없애고 ～かった만 남기면 '～했다'라는 い형용사의 과거형 반말 표현이 됩
          니다.
              たの
          예 楽しかった。 즐거웠다. ／ おいしかった。 맛있었다.

126

🎧 13-2.mp3

도쿄 는 즐거 웠습니다.

東京 は 楽し かったです。
とう きょう　　たの

① 朝 / 涼しい
　あさ　すず

아침은 선선했습니다. (((👄

② 昨日 / 寒い
　きのう　さむ

어제는 추웠습니다. (((👄

③ 服 / 小さい
　ふく　ちい

옷은 작았습니다. (((👄

④ 彼 / やさしい
　かれ

그는 상냥했습니다. (((👄

단어 　朝 아침 │ 涼しい 시원하다, 선선하다 │ 昨日 어제 │ 寒い 춥다 │ 服 옷 │ 小さい 작다 │ 彼 그 │
　　　　あさ　　　すず　　　　　　　　　　　きのう　　　さむ　　　　ふく　　　ちい　　　　　かれ

やさしい 상냥하다

127

🎧 13-3.mp3

하나의 첫 도쿄 여행에 대해 리에가 물어봅니다.

리에
東京は　どうでしたか。

하나
とても　楽しかったです。
人が　ソウルぐらい　多かったです。

리에
やっぱり　東京は　人が　多いですね。

하나
はい。ビルも　ぜんぶ　高かったです。
そして、食べ物も　おいしかったです。

리에
よかったですね❶。

하나
どうぞ❷、これ　おみやげです。

리에
ありがとうございます！

단어
どうでしたか 어땠습니까? | とても 매우, 대단히 | 人 사람 | ソウル 서울 | 〜ぐらい 〜정도, 〜만큼 |
多い 많다 | やっぱり 역시 | ビル 빌딩, 건물 | ぜんぶ 전부 | 高い (높이가) 높다, (가격이) 비싸다 |
そして 그리고 | 食べ物 음식, 먹을 것 | よかった 다행이다, 잘됐다 | どうぞ 자, 부디, 어서 |
おみやげ 기념품, 선물 | ありがとうございます 고맙습니다

128

리에 도쿄는 어땠어요?

하나 아주 즐거웠어요.
      사람이 서울만큼 많았어요.

리에 역시 도쿄는 사람이 많군요.

하나 네. 빌딩도 다 높았어요.
      그리고 음식도 맛있었어요.

리에 다행이네요.

하나 여기요, 이거 여행 선물이에요.

리에 고마워요!

표현

❶ よかったですね 다행이네요

よかったです는 よい/いい(좋다)에서 온 말입니다. 따라서 기본적으로 '좋았습니다'라는 뜻이 있으며,
상황에 따라서는 '다행이에요'라는 의미로 일본에서 많이 쓰이는 표현 중 하나입니다.

❷ どうぞ 자, 여기요, 드세요

どうぞ는 사전적 의미로 '부디, 제발, 아무쪼록'이라는 뜻이 있습니다. 하지만 실제로는 권유와 허락을
하는 상황에서 자유자재로 쓸 수 있는 만능 표현이에요.

예 음식을 권유할 때 '어서 드세요' = どうぞ
    자리를 양보하거나 권할 때 '앉으세요' = どうぞ
    손님을 맞이할 때 '어서 오세요, 들어가세요' = どうぞ
    먼저 내릴 것을 권할 때 '먼저 내리세요' = どうぞ
    "먹어도 돼요?"라는 질문에 허락할 때 '드세요' = どうぞ
    "마셔도 돼요?"라는 질문에 허락할 때 '마시세요' = どうぞ

1. 잘 듣고 보기에서 알맞은 어휘를 골라 문장을 완성해 보세요.　　🎧 13-4.mp3

[보기]
彼^{かれ}　小^{ちい}さ　高^{たか}　かばん　服^{ふく}　です　は　やさし　かった

① 가방은 비쌌습니다.　　➡ _____ 。

② 그는 상냥했습니다.　　➡ _____ 。

③ 옷은 작았습니다.　　➡ _____ 。

2. 우리말에 맞게 문장을 써 보고 완성된 문장을 큰 소리로 읽어 보세요.

① ビル (빌딩) / 高^{たか}い (높다)

➡ _____ 。 빌딩은 높았습니다.

② 食^たべ物^{もの} (음식) / おいしい (맛있다)

➡ _____ 。 음식은 맛있었습니다.

③ 朝^{あさ} (아침) / 涼^{すず}しい (선선하다)

➡ _____ 。 아침은 선선했습니다.

닭갈비는 맵지 않았어요.

ダッカルビは 辛^{から}く ありませんでした。

오늘의 포인트 ✦

い형용사의 과거 부정
い형용사 어간 **+** くありませんでした ~지 않았습니다

이런 말을 할 수 있어요 💬

쉽지 않았어요. / 비싸지 않았어요.

 잠깐! 먼저 QR코드를 찍으세요!

책을 펼치고
동영상 강의를 보면서
학습을 시작합니다!

동영상 강의 보기 × mp3 파일 듣기 ×

회화의 기초는 **문법** 오늘 배울 한 문장을 파헤쳐보자!

🎧 14-1.mp3

닭갈비 / 는 / 맵 / 지 않았습니다

ダッカルビ / は / 辛（から） /
く ありませんでした

오늘은 い형용사의 과거 부정문을 배워 봅시다. い형용사의 과거 부정문은 〈い형용사 어간 +く ありませんでした〉의 형태로 '~지 않았어요'라는 뜻입니다. い형용사 맨 끝의 어미 い 를 없애고 바로 く ありませんでした를 붙이면 돼요.

辛（から）い ＋ く ありませんでした ＝ 辛（から）く ありませんでした

맵다　　　　　　~지 않았습니다　　　　　　　맵지 않았습니다

📢 아래 문장을 듣고 따라 말해 보세요.

드라마 / 는 / 재미있 / 지 않았습니다

ドラマ / は / 面白（おもしろ） /
く ありませんでした

테스트 / 는 / 어렵 / 지 않았습니다

テスト / は / 難（むずか）し /
く ありませんでした

단어　ダッカルビ 닭갈비 ｜ 辛（から）い 맵다 ｜ ドラマ 드라마 ｜ 面白（おもしろ）い 재미있다 ｜ テスト 테스트, 시험 ｜
難（むずか）しい 어렵다

Tip　~く ありませんでした 대신에 ~く なかったです를 쓸 수도 있는데요. 이렇게 쓰면 더욱 캐주얼한
표현이 됩니다.
예 辛（から）く なかったです. 맵지 않았어요. ／ 面白（おもしろ）く なかったです. 재미있지 않았어요.

🎧 14-2.mp3

닭갈비 는 맵 지 않았습니다.

ダッカルビ は 辛く ありませんでした。

① **ケータイ / 安い**　　　　　　　휴대폰은 싸지 않았습니다. (((🗣

② **量 / 少ない**　　　　　　　　　양은 적지 않았습니다. (((🗣

③ **本 / 厚い**　　　　　　　　　　책은 두껍지 않았습니다. (((🗣

④ **天気 / 良い**　　　　　　　　　날씨는 좋지 않았습니다. (((🗣

단어 ケータイ 휴대폰 | 安い 싸다 | 量 양 | 少ない 적다 | 本 책 | 厚い 두껍다 | 天気 날씨 | 良い 좋다

Tip 良い는 회화에서는 보통 いい로 쓰지만, い형용사의 접속이 일어날 때는 옛날부터 쓰던 문어적 표현인 よい에서 바꿔야 합니다.

133

🎧 14-3.mp3

닭갈비를 먹고 난 후, 하나와 리에가 이야기합니다.

하나
昼ごはんの　ダッカルビ、どうでしたか。

리에
すごく❶　辛かったです。
でも❷、おいしかったです。
はなさんも　辛かったですか。

하나
いいえ、私は　辛く　ありませんでした。
辛い　もの　ぜんぜん❸　オッケーです。

단어　**昼ごはん** 점심밥 | **すごく** 굉장히, 아주 | **でも** 하지만 | **おいしい** 맛있다 | **私** 나, 저 | **もの** 것, 물건 | **ぜんぜん** 아주, 전혀 | **オッケー** OK, 괜찮다

Plus　일본 음식은 기본적으로 소금이나 간장을 쓰기 때문에 짠 음식이 많습니다. 또한 일본의 매운맛이라고 하면 한국의 고추장과 같이 달고 매운맛이 아닌 맵고 쌉쌀한 와사비 같은 맛이 보통입니다.

하나   점심 닭갈비 어땠어요?

리에   굉장히 매웠어요.
         근데 맛있었어요.
         하나 씨도 매웠어요?

하나   아니요, 저는 안 매웠어요.
         매운 거 완전 괜찮아요.

❶ **すごく 굉장히, 아주**

'매우, 대단히'란 뜻을 가진 とても와 비슷한 단어이지만 とても에 비해 매우 캐주얼한 표현입니다.
회화에서 많이 써요.

❷ **でも 그런데**

でも에는 '근데, 그거 아니야, 아니거든'이라는 부정의 뉘앙스가 있습니다. 조금 더 부드러운 반말체를
쓰고 싶다면 でも와 같은 뜻이지만 조금 더 여성스러운 표현인 けど를 추천해요.

❸ **ぜんぜん 전혀**

ぜんぜん의 뜻은 크게 두 가지로 나눠 볼 수 있는데요. ぜんぜん 뒤에 긍정문이 오면 '아주, 완전'이라
는 뜻으로 해석되고, 부정문이 오면 '도무지, 전혀'라는 뜻이 됩니다.

   예   ぜんぜん だいじょうぶです。 완전 괜찮아요.
        ぜんぜん わかりません。 전혀 모르겠어요.

1. 잘 듣고 보기에서 알맞은 어휘를 골라 문장을 완성해 보세요. 🎧 14-4.mp3

[보기]

ドラマ | テスト | 天気(てんき) | く ありませんでした
面白(おもしろ) | 難(むずか)し | は | 良(よ)

① 드라마는 재미있지 않았습니다. ➡ _____。

② 날씨는 좋지 않았습니다. ➡ _____。

③ 테스트는 어렵지 않았습니다. ➡ _____。

2. 우리말에 맞게 문장을 써 보고 완성된 문장을 큰 소리로 읽어 보세요.

① 本(ほん)(책) / 厚(あつ)い(두껍다)

➡ _____。 책은 두껍지 않았습니다.

② ケータイ(휴대폰) / 安(やす)い(싸다)

➡ _____。 휴대폰은 싸지 않았습니다.

③ 量(りょう)(양) / 少(すく)ない(적다)

➡ _____。 양은 적지 않았습니다.

귀여운 지갑이네요.

かわいい 財布ですね。
さい　ふ

오늘의 포인트 ✦

い형용사의 명사 수식

い형용사 기본형 + 명사　~한 ~

이런 말을 할 수 있어요 💬

귀여운 그녀 / 짧은 머리

 잠깐! 먼저 QR코드를 찍으세요!

책을 펼치고
동영상 강의를 보면서
학습을 시작합니다!

 동영상 강의 보기　 × mp3 파일 듣기 ×

🎧 15-1.mp3

귀여운 / 지갑 / 이네요

かわいい / 財布 / ですね

오늘은 い형용사의 명사 수식형을 배워 봅시다. い형용사의 명사 수식형은 〈い형용사 기본형＋명사〉의 형태로 '~한 (명사)'라는 뜻입니다. 다양한 い형용사를 명사 앞에 넣어 문장을 만들어 보세요.

$$かわいい ＋ 財布 = かわいい \ 財布$$
귀엽다　　　지갑　　　　귀여운 지갑

 아래 문장을 듣고 따라 말해 보세요.

가벼운 / 수첩 / 이네요

軽い / 手帳 / ですね

하얀 / 원피스 / 네요

白い / ワンピース / ですね

단어　かわいい 귀엽다 ｜ 財布 지갑 ｜ 軽い 가볍다 ｜ 手帳 수첩 ｜ 白い 하얗다 ｜ ワンピース 원피스

Tip　한국에서는 칭찬할 때 '예쁘다'는 말을 많이 쓰지만, 일본에서는 かわいい(귀엽다)라는 말을 자주 씁니다. 또한 かわいい(귀엽다)라는 칭찬은 최고의 칭찬 중 하나랍니다.

예　今日 かわいいね。 오늘 귀엽네。 ＊우리말로 '오늘 예쁘다'를 들었을 때와 같은 기쁨을 느낄 수 있습니다.

🎧 15-2.mp3

귀여운 지갑 이네요.

かわいい 財布<ruby>さい</ruby><ruby>ふ</ruby> ですね。

① 冷<ruby>つめ</ruby>たい / ジュース　　　　　시원한 주스네요. (((🗣

② 熱<ruby>あつ</ruby>い / ラーメン　　　　　뜨거운 라면이네요. (((🗣

③ 新<ruby>あたら</ruby>しい / 車<ruby>くるま</ruby>　　　　　새 차네요. (((🗣

④ 広<ruby>ひろ</ruby>い / 部屋<ruby>へ</ruby><ruby>や</ruby>　　　　　넓은 방이네요. (((🗣

단어 冷<ruby>つめ</ruby>たい 차갑다 | ジュース 주스 | 熱<ruby>あつ</ruby>い 뜨겁다 | ラーメン 라면 | 新<ruby>あたら</ruby>しい 새롭다 | 車<ruby>くるま</ruby> 자동차 | 広<ruby>ひろ</ruby>い 넓다 | 部屋<ruby>へ</ruby><ruby>や</ruby> 방

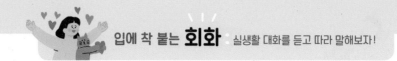
🎧 15-3.mp3

리에의 지갑을 보고 하나가 물어봅니다.

하나 あの　黄色（きいろ）い　財布（さいふ）は　だれの❶ですか。

리에 あれですか。
あれは　私（わたし）の❶です。

하나 かわいい　財布（さいふ）ですね。
なんで❷　黄色（きいろ）ですか。

리에 日本（にほん）で　黄色（きいろ）い　財布（さいふ）は　金運（きんうん）が　いいです。

단어 あの 저 | 黄色（きいろ）い 노랗다 | だれ 누구 | ～の ～의 것 | あれ 저것 | 私（わたし） 나, 저 | なんで 왜, 어째서 |
黄色（きいろ） 노란색 | 日本（にほん） 일본 | ～で ～에서 | 金運（きんうん） 금전운 | いい 좋다

Plus 10엔, 100엔, 500엔 단위로 일본에서는 동전을 참 많이 사용하는데요. 그중 500엔짜리 동전은 지폐가 아
님에도 불구하고 원화로 무려 약 5,000원 정도의 가치를 지닙니다. 따라서 일본에서 지갑을 구매할 때는
동전을 잘 보관할 수 있는 지갑인지도 고려하는 게 좋아요.

하나　저 노란 지갑은 누구 거예요?

리에　저거요?
　　　저건 제 거예요.

하나　귀여운 지갑이네요.
　　　왜 노란색이에요?

리에　일본에서 노란 지갑은 금전운이 좋아요.

표현

❶ ~の ~의 것

보통 の의 경우 '일본어 선생님, 영어책'처럼 명사와 명사를 연결해 주는 역할을 하지만, 사람 뒤에 오면 '나의 초콜릿, 나의 것'처럼 '~의, ~의 것'으로 해석된다는 점 주의하세요. だれの는 '누구의, 누구의 것', 私の는 '나의, 나의 것'이라는 뜻입니다.

❷ なんで 왜, 어째서

원인이나 이유를 묻거나 자문할 때 쓰는 말로 '왜, 어째서'라는 뜻이에요. 회화에서 자주 쓰이는 표현입니다.

　예　なんでですか。왜인 거죠?

1. 잘 듣고 보기에서 알맞은 어휘를 골라 문장을 완성해 보세요. 🎧 15-4.mp3

> [보기]
>
> 部屋 | ですね | 新しい | かわいい | 軽い | 車 | 財布
> へや　　　　　　　あたら　　　　　　　　かる　　くるま　さいふ

① 귀여운 방이네요.　　➡ _____ 。

② 새 차네요.　　➡ _____ 。

③ 가벼운 지갑이네요.　　➡ _____ 。

2. 우리말에 맞게 문장을 써 보고 완성된 문장을 큰 소리로 읽어 보세요.

① 新しい (새롭다) / ワンピース (원피스)
　あたら

➡ _____ 。　새 원피스네요.

② 黄色い (노랗다) / 手帳 (수첩)
　き いろ　　　　　　　て ちょう

➡ _____ 。　노란 수첩이네요.

③ 広い (넓다) / 部屋 (방)
　ひろ　　　　　　へ や

➡ _____ 。　넓은 방이네요.

방은 넓고 싸요.

部屋は 広くて 安いです。

へや ひろ やす

오늘의 포인트 ✦

い형용사의 연결

い형용사 어간 **+** **くて** ~하고, ~해서

이런 말을 할 수 있어요 💬

싸고 맛있어요. / 작고 귀여워요.

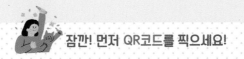 잠깐! 먼저 QR코드를 찍으세요!

책을 펼치고
동영상 강의를 보면서
학습을 시작합니다!

 동영상 강의 보기 　×　 mp3 파일 듣기 　×

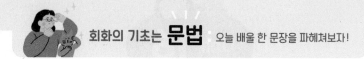
🎧 16-1.mp3

방 / 은 / 넓 / 고 / 쌉 / 니다

部屋 / は / 広 / くて / 安い / です
へや / / ひろ / / やす

오늘은 い형용사의 연결 표현을 배워 봅시다. い형용사의 연결 표현은 〈い형용사 어간+くて〉
의 형태로 '~하고, ~해서'라는 뜻입니다. い형용사 끝에 있는 어미 い를 없애고 くて를 붙이
면 돼요. 다양한 い형용사를 넣어서 문장을 만들어 보세요.

広い + くて + 安い + です = 広くて 安いです
ひろ / / やす / / ひろ / やす
넓다 / ~하고, ~해서 / 싸다 / ~입니다 / 넓고 쌉니다

📢 아래 문장을 듣고 따라 말해 보세요.

아이 / 는 / 작 / 고 / 귀엽 / 습니다

子供 / は / 小さ / くて /
こども / / ちい /
かわいい / です

부모님 / 은 / 엄하 / 고 / 무섭 / 습니다

両親 / は / 厳し / くて /
りょうしん / / きび /
怖い / です
こわ

단어 部屋 방 | 広い 넓다 | 安い 싸다 | 子供 아이 | 小さい 작다 | かわいい 귀엽다 | 両親 부모님 |
へや / ひろ / やす / こども / ちい / / りょうしん
厳しい 엄하다 | 怖い 무섭다
きび / こわ

Tip ~くて에는 두 가지 뜻이 있어요. 기본적으로는 두 개의 문장을 잇는 역할을 하기 때문에 '~하고'라는 뜻
이 있는데요. 이유를 나타낼 때는 '~해서'라고 해석해요.
예 子供は 小さくて かわいいです。 아이는 작고 귀여워요. / 아이는 작아서 귀여워요.
こども / ちい

144

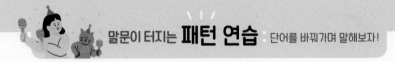
🎧 16-2.mp3

방은 넓고 쌉니다.

部屋 は 広 くて 安い です。
へや　　　 ひろ　　　　　 やす

① コーヒー / 濃い / おいしい
　　　　　　 こ
커피는 진하고 맛있습니다. 🗣

② スープ / 薄い / まずい
　　　　　 うす
수프는 싱겁고 맛없습니다. 🗣

③ 夜道 / 暗い / 危ない
　よみち　 くら　　 あぶ
밤길은 어둡고 위험합니다. 🗣

④ 漢字 / 難しい / つまらない
　かんじ　 むずか
한자는 어렵고 재미없습니다. 🗣

단어 コーヒー 커피 | 濃い 진하다 | おいしい 맛있다 | スープ 수프 | 薄い 연하다, 싱겁다 |
　　　　まずい 맛없다 | 夜道 밤길 | 暗い 어둡다 | 危ない 위험하다 | 漢字 한자 | 難しい 어렵다 |
　　　　つまらない 재미없다

145

🎧 16-3.mp3

새집으로 이사한 리에에게 하나가 물어봅니다.

하나
新しい 家は どうですか。

리에
部屋は 広くて 家賃も 安いです。

하나
ほかは どうですか。

리에
大家さん❶も 優しいです。
けど❷、夜道が 暗くて 怖いです。

하나
それは ちょっと 危ないですね。

단어
新しい 새롭다 | 家 집 | 家賃 집세 | ほか 다른 것 | 大家さん 집주인 | 優しい 친절하다, 상냥하다 |
けど 하지만, 그런데 | 怖い 무섭다 | それ 그것 | ちょっと 조금, 약간

Plus
일본에서는 출퇴근 및 등하교 시의 안전을 위해 휴대용 경보기를 사용하는 사람들이 많습니다. 휴대용 경보기는 겉보기에는 귀여운 열쇠고리처럼 생겼지만, 위기의 순간 잡아당기면 엄청난 굉음이 울려 주위에 위험 신호 및 도움 요청을 보낼 수 있습니다. 직접 사기도 하고 회사나 학교 등에서 나눠 주기도 해요.

146

하나   **새집은 어때요?**

리에   **방은 넓고 집세도 싸요.**

하나   **다른 건 어때요?**

리에   **집주인도 상냥해요.**
         근데, 밤길이 어두워서 무서워요.

하나   **그건 좀 위험하네요.**

표현

❶ おおや
大家さん 집주인

사전에서 검색하면 '집주인'은 <ruby>大家<rt>おおや</rt></ruby>라고 나오지만, 실제 일본에서는 '집주인'을 가리킬 때 さん을 붙여 <ruby>大家<rt>おおや</rt></ruby>さん이라고 많이 씁니다. 이외에도 '책방'인 ほんや를 ほんやさん, '라면 가게'인 ラーメンや를 ラーメンやさん이라고 さん을 붙여 말하곤 하는데요. 이는 さん을 붙여 말하면 더 상냥한 인상을 주기 때문이에요.

❷ **けど** 근데, 하지만

けど는 역접을 나타내는 표현으로 けれども의 줄임말입니다. 본래 けれども라는 단어의 뜻이 '하지만'이라는 뜻인데, 회화에서 가볍게 줄여 말하다 보니 けれども 〉 けれど 〉 けど의 순으로 캐주얼한 말투로 바뀌었어요. 세 단어 모두 같은 뜻이니 어느 것을 쓰든 의미는 동일하며, 어투의 무게만 다르다는 점 주의하세요.

147

1. 잘 듣고 보기에서 알맞은 어휘를 골라 문장을 완성해 보세요.　🎧 16-4.mp3

[보기]

大家さん ^{おお や}	は	暗 ^{くら}	くて	子供 ^{こ ども}	かわいい	やさし

です	面白い ^{おもしろ}	怖い ^{こわ}	夜道 ^{よ みち}	小さ ^{ちい}

①　집주인은 상냥하고 재미있습니다.　▶ ＿＿＿＿＿＿＿＿＿＿＿＿＿＿＿＿＿。

②　밤길은 어두워서 무섭습니다.　▶ ＿＿＿＿＿＿＿＿＿＿＿＿＿＿＿＿＿。

③　아이는 작아서 귀엽습니다.　▶ ＿＿＿＿＿＿＿＿＿＿＿＿＿＿＿＿＿。

2. 우리말에 맞게 문장을 써 보고 완성된 문장을 큰 소리로 읽어 보세요.

①　**コーヒー** (커피) / **薄い**^{うす} (연하다) / **まずい** (맛없다)

▶ ＿＿＿＿＿＿＿＿＿＿＿＿＿＿。　커피는 연하고 맛없습니다.

②　**スープ** (수프) / **濃い**^こ (진하다) / **おいしい** (맛있다)

▶ ＿＿＿＿＿＿＿＿＿＿＿＿＿＿。　수프는 진해서 맛있습니다.

③　**部屋**^{へ や} (방) / **広い**^{ひろ} (넓다) / **安い**^{やす} (싸다)

▶ ＿＿＿＿＿＿＿＿＿＿＿＿＿＿。　방은 넓고 쌉니다.

148

PART 2 주요 한자

Unit 11~Unit 16에서 배운 한자 중 꼭 눈에 익혀야 할 한자만 모았습니다. 이해하기 쉽게 한자 마다 부수나 모양으로 재미있게 스토리를 붙였습니다. 가볍게 읽으면서 부담없이 한자를 익혀 봐요.

바쁠 망

마음(忄)이 죽을(亡) 만큼 바쁩니다.

<ruby>忙<rt>いそが</rt></ruby>しい 바쁘다

아침 조

지는 달(月) 옆, 풀(艹)들 사이에서 태양(日)이 떠오릅니다. 아침이 되었나 봐요.

<ruby>朝<rt>あさ</rt></ruby> 아침

쓸 고

오래된(古) 풀(艹)을 먹으면 굉장히 써서 괴롭습니다.

<ruby>苦<rt>にが</rt></ruby>い 쓰다 / <ruby>苦<rt>くる</rt></ruby>しい 괴롭다

＊苦 자와 관련된 い형용사는 두 가지가 있습니다.
문맥에 따라 구분해 사용하세요.
苦 자 뒤에 し라는 글자가 하나 더 있으면
'괴롭다'라는 뜻의 <ruby>苦<rt>くる</rt></ruby>しい입니다.

매울 신

열(十) 시간이나 서(立) 있었어요.
매서운 본때를 맛봐서 온몸이 괴로워요.

<ruby>辛<rt>から</rt></ruby>い 맵다 / <ruby>辛<rt>つら</rt></ruby>い 괴롭다

＊辛い는 두 가지 읽는 법과 뜻이 있습니다.
문맥에 따라 구분해 사용하세요.

가벼울 경

軽

오른손(又)으로만 운전해도 땅(土) 위를
곧잘 달리는 차(車)는 아주 가벼운 차예요.

軽い かる 가볍다

말씀 어

語

다섯(五) 번씩 입(口)으로 말하는(言)
연습을 하면서 언어를 익혀요.

日本語 にほんご 일본어

친할 친

親

나무(木) 위에 서서(立) 행여나 다칠까
지켜보는(見) 건 부모님이에요!

親 おや 부모
両親 りょうしん 부모님

저 피

彼

가죽(皮)을 구하러 가는(彳) 그는 멋있어요.

彼 かれ 그
彼氏 かれし 남자 친구

な형용사

'예쁘다, 좋아하다, 유명하다, 성실하다, 잘하다, 서투르다'처럼 사물의 상태나 모양을 나타내며,
기본형은 끝이 〜だ로 끝나지만, 명사를 수식할 때는 〜な로 바뀌는 형용사를 'な형용사'라고 해요.

예쁘다
きれいだ

좋아하다
すきだ
好きだ

유명하다
ゆうめいだ
有名だ

성실하다
まじめだ

잘하다
じょうずだ
上手だ

서투르다
にがてだ
苦手だ

🔍 한눈에 보는 〈な형용사〉 포인트

な형용사의 긍정	な형용사 어간 + です	~합니다
な형용사의 부정	な형용사 어간 + じゃ ありません	~지 않습니다
な형용사의 과거	な형용사 어간 + でした	~했습니다
な형용사의 과거 부정	な형용사 어간 + じゃ ありませんでした	~지 않았습니다
な형용사의 명사 수식	な형용사 어간 + な + 명사	~한 ~
な형용사의 연결	な형용사 어간 + で	~하고, ~해서

잘생긴 사람을 좋아해요.

かっこいい 人_{ひと}が 好_すきです。

오늘의 포인트 ✦

> な형용사의 긍정
>
> な형용사 어간 ＋ です　~합니다

이런 말을 할 수 있어요 💬

> 설명을 잘해요. / 스포츠를 싫어해요.

 잠깐! 먼저 QR코드를 찍으세요!

책을 펼치고
동영상 강의를 보면서
학습을 시작합니다!

 ✕ ✕

동영상 강의 보기　　mp3 파일 듣기

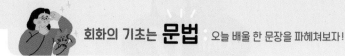
🎧 17-1.mp3

잘생긴 / 사람 / 을 좋아합니다
かっこいい / 人(ひと) / が 好(す)きです

오늘은 な형용사의 긍정문을 배워 봅시다. な형용사의 기본 생김새는 끝이 だ로 끝나 있는데요. 기본형으로는 반말이 되고, 이 끝(어미)의 だ를 없애고 です를 붙이면 '〜합니다'라는 な형용사의 존댓말이 됩니다. 정말 간단하죠? 다양한 な형용사를 넣어 문장을 만들어 보세요.

$$好(す)きだ + です = 好(す)きです$$
좋아하다 　　〜입니다 　　좋아합니다

📢 아래 문장을 듣고 따라 말해 보세요.

스포츠 / 를 아주 좋아합니다
スポーツ / が 大好(だいす)きです

공부 / 를 싫어합니다
勉強(べんきょう) / が 嫌(きら)いです

단어　かっこいい 잘생기다 ｜ 人(ひと) 사람 ｜ 好(す)きだ 좋아하다 ｜ スポーツ 스포츠 ｜ 大好(だいす)きだ 아주 좋아하다 ｜
勉強(べんきょう) 공부 ｜ 嫌(きら)いだ 싫어하다

Tip　조사 が는 원래 '〜이/가'의 뜻이지만 好(す)きだ(좋아하다), 嫌(きら)いだ(싫어하다) 앞에 올 때는 조사 を는 쓸 수 없습니다. 오로지 조사 が만 취해야 하며, 이때 목적격 조사 '〜을/를'의 의미로 해석됩니다. 조사 を를 사용하면 굉장히 어색한 일본어가 되니 주의하세요.
　틀린 예 スポーツを 大好(だいす)きです。(×) / 勉強(べんきょう)を 嫌(きら)いです。(×)

154

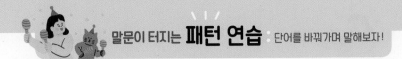

🎧 17-2.mp3

잘생긴 사람 을 좋아 합니다.

かっこいい 人(ひと) が 好(す)き です。

❶ 片付(かたづ)け / 嫌(きら)いだ　　　　　　정리를 싫어합니다. (((😮

❷ 歌(うた) / 上手(じょうず)だ　　　　　　노래를 잘합니다. (((😮

❸ 説明(せつめい) / 下手(へた)だ　　　　　　설명을 못합니다. (((😮

❹ 英語(えいご) / 得意(とくい)だ　　　　　　영어를 잘합니다. (((😮

단어　片付(かたづ)け 정리 | 歌(うた) 노래 | 上手(じょうず)だ 잘하다〈객관적 입장에서 봤을 때〉 | 説明(せつめい) 설명 | 下手(へた)だ 못하다 |
英語(えいご) 영어 | 得意(とくい)だ 잘하다, 자신만만하다〈주관적 입장에서 봤을 때〉

Tip　上手(じょうず)だ, 下手(へた)だ, 得意(とくい)だ와 같은 な형용사 앞에서 목적격 조사는 を 대신 が를 써야 합니다.
が는 '～이/가'의 뜻이지만 이들 な형용사 앞에서는 '～을/를'의 의미로 해석되니 주의하세요.

155

🎧 17-3.mp3

리에가 하나의 이상형에 대해 물어봅니다.

리에 はなさんは　どんな　人（ひと）が❶　タイプ❷ですか。

하나 私（わたし）の　タイプは　背（せ）が　高（たか）い　人（ひと）です。

리에 そうですか。

하나 りえさんは　どんな　人（ひと）が❶　好（す）きですか。

리에 私（わたし）は　かっこいい　人（ひと）が　好（す）きです。

단어 どんな 어떤 ｜ ～が ～이/가 ｜ タイプ 타입, 이상형 ｜ 私（わたし） 나, 저 ｜ ～の ～의 ｜ 背（せ） 키, 신장 ｜ 高（たか）い 높다, 비싸다 ｜ そうですか 그래요?

Plus 사람들 이상형은 모두 제각각인데요. 일본에서는 무엇보다도 얼굴을 밝히는 사람, 일명 '얼빠'를 面食（めんく）い (잘생기고 예쁜 사람을 좋아하는 사람)라고 합니다.

리에   하나 씨는 어떤 사람이 이상형이에요?

하나   제 이상형은 키가 큰 사람이에요.

리에   그래요?

하나   리에 씨는 어떤 사람을 좋아해요?

리에   저는 잘생긴 사람을 좋아해요.

표현

❶ **どんな 人が~ 어떤 사람이~ / 어떤 사람을~**

が는 '이/가'라는 주격 조사로 주로 쓰이는데 好きだ(좋아하다)와 같은 특정한 な형용사 앞에서는
'을/를'이라는 대상을 나타내는 조사로 を가 아닌 が를 쓴다는 점에 주의하세요.

　예   まじめな 人が 好きです。(○) 성실한 사람을 좋아해요.
　　　 まじめな 人を 好きです。(×)

❷ **タイプ 이상형**

일본어로 '이상형'은 タイプ(타입), 또는 理想の人(이상형인 사람)라고 합니다. 한자 그대로 직역한
理想型라는 단어는 쓰지 않는다는 점 기억하도록 해요.

　예   どんな 人が タイプですか。 어떤 사람이 이상형이에요?
　　　 理想の人は どんな 人ですか。 이상형은 어떤 사람이에요?

157

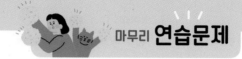

1. 잘 듣고 보기에서 알맞은 어휘를 골라 문장을 완성해 보세요.　　🎧 17-4.mp3

[보기]

| 英語えいご | が | 好すき | です | 説明せつめい | 嫌きらい | 上手じょうず | 勉強べんきょう |

① 공부를 좋아합니다.　　➡ _____ 。

② 설명을 잘합니다.　　➡ _____ 。

③ 영어를 싫어합니다.　　➡ _____ 。

2. 우리말에 맞게 문장을 써 보고 완성된 문장을 큰 소리로 읽어 보세요.

① **スポーツ** (스포츠) / **好すきだ** (좋아하다)

➡ _____ 。 스포츠를 좋아합니다.

② **歌うた** (노래) / **苦手にがてだ** (서투르다)

➡ _____ 。 노래가 서툽니다.

③ **片付かたづけ** (정리) / **得意とくいだ** (잘하다)

➡ _____ 。 정리를 잘합니다.

공포 영화는 좋아하지 않아요.

えい が
ホラー映画は

す
好きじゃ ありません。

오늘의 포인트 ✨

な형용사의 부정

な형용사 어간 + じゃ ありません ~지 않습니다

이런 말을 할 수 있어요 💬

좋아하지 않아요. / 깨끗하지 않아요.

 잠깐! 먼저 QR코드를 찍으세요!

책을 펼치고
동영상 강의를 보면서
학습을 시작합니다!

 동영상 강의 보기 ×  mp3 파일 듣기 ×

🎧 18-1.mp3

공포 영화 / 는 / 좋아하 / 지 않습니다

ホラー映画 / は / 好き / じゃ ありません

오늘은 な형용사의 부정문을 배워 봅시다. な형용사의 부정문은 〈な형용사 어간+じゃ ありません〉의 형태로 '～지 않아요'라는 뜻입니다. な형용사 끝에 있는 어미 だ를 없애고 바로 じゃ ありません을 붙이면 돼요. 다양한 な형용사를 넣어 문장을 만들어 보세요.

好きだ + じゃ ありません = 好きじゃ ありません
좋아하다　　　　～지 않습니다　　　　좋아하지 않습니다

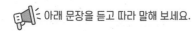 아래 문장을 듣고 따라 말해 보세요.

일 / 은 / 힘들 / 지 않습니다

仕事 / は / 大変 / じゃ ありません

디자인 / 은 / 예쁘 / 지 않습니다

デザイン / は / きれい / じゃ ありません

단어 ホラー 호러, 공포 | 映画 영화 | 好きだ 좋아하다 | 仕事 일 | 大変だ 힘들다 | デザイン 디자인 | きれいだ 예쁘다, 깨끗하다

Tip ～じゃ ありません 대신 ～じゃ ないです를 쓸 수도 있는데요. ～じゃ ないです를 쓰면 좀 더 캐주얼한 뉘앙스로 바뀌어요. 그리고 ないです에서 です를 빼면 '～지 않다'라는 な형용사의 반말 부정 표현이 됩니다.
예 好きじゃ ないです。 안 좋아해요. / 好きじゃ ない。 안 좋아해.

160

🎧 18-2.mp3

공포 영화 는 좋아하 지 않습니다.

ホラー映画 は 好き じゃ ありません。

① 性格 / 真面目だ
성격은 성실하지 않습니다. 🗣

② 今日 / 暇だ
오늘은 한가하지 않습니다. 🗣

③ 一人暮らし / 楽だ
자취는 편하지 않습니다. 🗣

④ それ / 有名だ
그것은 유명하지 않습니다. 🗣

단어 性格 성격 | 真面目だ 성실하다 | 今日 오늘 | 暇だ 한가하다 | 一人暮らし 자취 | 楽だ 편하다 |
それ 그것 | 有名だ 유명하다

Tip 一人暮らし는 글자 그대로 풀면 '혼자 사는 것'을 뜻합니다. 우리가 흔히 이야기하는 '자취'를 말해요.

🎧 18-3.mp3

리에가 하나에게 공포 영화를 좋아하는지 물어봅니다.

리에

ハナさんは　ホラー映画^{えいが}が　好^すきですか。

하나

いいえ。私^{わたし}は　ホラー映画^{えいが}が　苦手^{にがて}です❶。

怖^{こわ}くて　好^すきじゃ　ありません。

りえさんは？

리에

私^{わたし}は　ホラー映画^{えいが}が　なにより❷　好^すきです。

とくに　ゾンビ映画^{えいが}が　大好^{だいす}きです。

단어　いいえ 아니요 | 私^{わたし} 나, 저 | 苦手^{にがて}だ 잘 못하다, 서투르다 | 怖^{こわ}い 무섭다 | なにより 무엇보다 |
とくに 특히 | ゾンビ 좀비 | 大好^{だいす}きだ 아주 좋아하다

Plus　일본의 영화 티켓값은 보통 1,900엔 정도 하는데요. 학생이라면 초, 중, 고, 대학생별로 가격이 따로 책정
되어 있는 게 특징입니다. 또 '영화의 날'이라 해서 매월 1일은 특별 할인가로 1,200엔 정도이며, 매주 수요
일은 '레이디스 데이'라 해서 여성에 한해 특별 할인가 1,200엔에 영화를 볼 수 있어요.

리에 하나 씨는 공포 영화를 좋아해요?

하나 아니요. 저는 공포 영화를 잘 못 봐요.
　　 무서워서 좋아하지 않아요.
　　 리에 씨는요?

리에 저는 공포 영화를 무엇보다 좋아해요.
　　 특히 좀비 영화를 아주 좋아해요.

표현

① ～が 苦手だ ～를 잘 못하다, 서투르다

다루기 어렵거나 좀처럼 이길 수 없어서 싫은 상대나 상태, 또 잘하지 못하거나 서툴다고 말할 때 쓰는 표
현이에요. 이때도 대상을 나타내는 말에는 조사 を 대신 が를 써야 합니다.

② なにより 무엇보다

なにより 뒤에 好きです(좋아합니다)를 넣으면 「なにより 好きです」(무엇보다 좋아해요)라는 아주
행복한 표현이 되지만, 嫌いです(싫어합니다)를 넣으면 「なにより 嫌いです」(무엇보다 싫어해요)라
는 무서운 말이 됩니다.

　예 なにより(も) うれしいです。 무엇보다(도) 기쁩니다.

163

1. 잘 듣고 보기에서 알맞은 어휘를 골라 문장을 완성해 보세요.　　🎧 18-4.mp3

> [보기]
>
> きれい ｜ それ ｜ ありません ｜ は ｜ 大変(たいへん) ｜ じゃ
>
> 暇(ひま) ｜ 一人暮(ひとりぐ)らし ｜ 今日(きょう)

❶ 그것은 예쁘지 않습니다.　　➡ _____ 。

❷ 자취는 힘들지 않습니다.　　➡ _____ 。

❸ 오늘은 한가하지 않습니다.　　➡ _____ 。

2. 우리말에 맞게 문장을 써 보고 완성된 문장을 큰 소리로 읽어 보세요.

❶ 仕事(しごと)(일) / 楽(らく)だ(쉽다)

➡ _____ 。　일은 쉽지 않습니다.

❷ ゾンビ映画(えいが)(좀비 영화) / 好(す)きだ(좋아하다)

➡ _____ 。　좀비 영화는 좋아하지 않습니다.

❸ 性格(せいかく)(성격) / 真面目(まじめ)だ(성실하다)

➡ _____ 。　성격은 성실하지 않습니다.

디즈니랜드는 힘들었어요.

ディズニーランドは

<ruby>大<rt>たい</rt></ruby><ruby>変<rt>へん</rt></ruby>でした。

오늘의 포인트 ✦

> ### な형용사의 과거
>
> **な형용사 어간 + でした**　~했습니다

이런 말을 할 수 있어요 💬

> 어제는 힘들었어요. / 경치는 아주 멋졌어요.

 잠깐! 먼저 QR코드를 찍으세요!

책을 펼치고
동영상 강의를 보면서
학습을 시작합니다!

동영상 강의 보기　　mp3 파일 듣기

🎧 19-1.mp3

디즈니랜드 / 는 / 힘들 / 었습니다

ディズニーランド / は / 大変(たいへん) / でした

오늘은 な형용사의 과거 긍정문을 배워 봅시다. な형용사의 과거 긍정문은 〈な형용사 어간+でした〉의 형태로 '~했습니다'라는 뜻이 됩니다. な형용사 끝에 있는 어미 だ를 없애고 공손한 과거를 나타내는 でした를 붙이면 돼요. 다양한 な형용사를 넣어 문장을 만들어 보세요.

大変(たいへん)だ + **でした** = **大変(たいへん)でした**
힘들다　　　 ~였습니다　　　 힘들었습니다

📣 아래 문장을 듣고 따라 말해 보세요.

점원 / 은 / 친절 / 했습니다
店員(てんいん)さん / は / 親切(しんせつ) / でした

거리 / 는 / 활기 / 찼습니다
街(まち) / は / にぎやか / でした

단어　ディズニーランド 디즈니랜드 | **大変(たいへん)だ** 힘들다, 큰일이다 | **店員(てんいん)(さん)** 점원 | **親切(しんせつ)だ** 친절하다 | **街(まち)** 거리 | **にぎやかだ** 활기차다

Tip　~でした를 ~だった로 바꿔 쓰면 な형용사의 반말 과거 표현이 됩니다.
　예 **大変(たいへん)だった。** 힘들었다. / **親切(しんせつ)だった。** 친절했다.

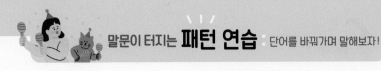
🎧 19-2.mp3

디즈니랜드 는 힘들 었습니다.

ディズニーランド は 大変 でした。
<small>たい へん</small>

① かけひき / 必要だ
<small>ひつよう</small>

밀당은 필요했습니다. (((🗣

② ログイン / 簡単だ
<small>かんたん</small>

로그인은 간단했습니다. (((🗣

③ 貯金 / 無理だ
<small>ちょきん　む り</small>

저금은 무리였습니다. (((🗣

④ 残業 / 当たり前だ
<small>ざんぎょう　あ　まえ</small>

잔업은 당연했습니다. (((🗣

단어 かけひき 밀당(밀고 당김) | 必要だ 필요하다 | ログイン 로그인 | 簡単だ 간단하다 | 貯金 저금, 저축 |
<small>ひつよう</small>　　　　　　　　　　　　　　　　<small>かんたん</small>　　　　<small>ちょきん</small>

無理だ 무리이다 | 残業 잔업 | 当たり前だ 당연하다
<small>む り</small>　　　　<small>ざんぎょう</small>　<small>あ　まえ</small>

🎧 19-3.mp3

디즈니랜드에 다녀온 하나에게 리에가 소감을 물어봅니다.

리에

ディズニーランドは　どうでしたか。

하나

とても　楽^{たの}しかったです。
でも、大変^{たいへん}❶でした。

리에

やっぱり❷　人^{ひと}が　多^{おお}かったですかね❸。

하나

はい。人^{ひと}が　多^{おお}くて　とても　にぎやかでした。
外国人^{がいこくじん}も　多^{おお}かったですよ。

단어　どうでしたか 어땠어요? | とても 아주, 매우 | 楽^{たの}しい 즐겁다 | でも 하지만 | やっぱり 역시 |
人^{ひと} 사람 | 多^{おお}い 많다 | ～ですかね ～지요, ～겠지요 | 外国人^{がいこくじん} 외국인 | ～も ～도 | ～ですよ ～이에요

Plus　도쿄 근교의 지바현에 위치한 디즈니랜드는 바로 옆에 디즈니씨도 함께 있는 엄청난 규모의 테마파크입니다. 일본에서는 夢^{ゆめ}の国^{くに}(꿈의 나라)라고 불릴 정도로 많은 사람들에게 테마파크 그 이상의 의미를 주는 환상의 나라이기도 합니다.

리에   디즈니랜드는 어땠어요?

하나   정말 즐거웠어요.
       하지만 힘들었습니다.

리에   역시 사람이 많았겠지요.

하나   네. 사람이 많고 아주 활기찼어요.
       외국인도 많았어요.

표현

❶ **大変 힘들다, 큰일이다**

大変은 な형용사일 때는 '힘들다, 큰일이다'라는 뜻이지만, 부사로 쓰일 때는 '몹시, 매우, 대단히'라는
뜻입니다.

예 大変ありがとうございました。 대단히 감사했습니다.

＊비즈니스에서 격식을 차리는 감사의 인사말로 사용됩니다.

❷ **やっぱり 역시**

やはり(역시)의 강조 표현으로 주로 회화에서 써요.

예 やっぱり そうでした。 역시 그랬어요.

❸ **～ですかね ～지요, ~(이)겠지요**

～です에 かね를 붙여 말하면 '～지요, ~(이)겠지요'란 뜻으로, '그죠? 제 예상이 맞죠?'라는 뉘앙스가
들어 있습니다. 실제 회화에서 자주 쓰는 표현이에요.

예 もしかして 脈ありですかね。 어쩌면 썸이겠지요.

＊脈あり 남녀 사이에 서로 밀고 당기며 썸 타는 것

1. 잘 듣고 보기에서 알맞은 어휘를 골라 문장을 완성해 보세요. 🎧 19-4.mp3

> [보기]
>
> 必要 | 残業 | にぎやか | ログイン | が | は
>
> ディズニーランド | でした | 当たり前

① 로그인이 필요했습니다.　➡ _____ 。

② 디즈니랜드는 활기찼습니다.　➡ _____ 。

③ 잔업은 당연했습니다.　➡ _____ 。

2. 우리말에 맞게 문장을 써 보고 완성된 문장을 큰 소리로 읽어 보세요.

① **店員さん** (점원) / **親切だ** (친절하다)

➡ _____ 。 점원은 친절했습니다.

② **ログイン** (로그인) / **簡単だ** (간단하다)

➡ _____ 。 로그인은 간단했습니다.

③ **貯金** (저금) / **無理だ** (무리이다)

➡ _____ 。 저금은 무리였습니다.

처음에는 좋아하지 않았어요.

<ruby>最初<rt>さい しょ</rt></ruby>は <ruby>好<rt>す</rt></ruby>きじゃ ありませんでした。

오늘의 포인트 ✦

な형용사의 과거 부정

な형용사 어간 ＋ じゃ ありませんでした
~지 않았습니다

이런 말을 할 수 있어요 💬

공부는 싫어하지 않았어요. / 노력은 헛되지 않았어요.

 잠깐! 먼저 QR코드를 찍으세요!

책을 펼치고
동영상 강의를 보면서
학습을 시작합니다!

동영상 강의 보기　　mp3 파일 듣기

🎧 20-1.mp3

처음에 / 는 / 좋아하 / 지 않았습니다

最初 / は / 好き /
 じゃ ありませんでした

오늘은 な형용사의 과거 부정문을 배워 봅시다. な형용사의 과거 부정문은 〈な형용사 어간+じゃ ありませんでした〉의 형태로 '~지 않았습니다'가 됩니다. な형용사 맨 끝의 어미 だ를 없애고 じゃ ありませんでした를 붙이면 돼요. 다양한 な형용사를 넣어 문장을 만들어 보세요.

好きだ + じゃ ありませんでした
좋아하다 ~지 않았습니다

= 好きじゃ ありませんでした
좋아하지 않았습니다

 아래 문장을 듣고 따라 말해 보세요.

옛날에 / 는 / 잘생기 / 지 않았습니다

昔 / は / ハンサム /
 じゃ ありませんでした

노력 / 은 / 헛되 / 지 않았습니다

努力 / は / 無駄 /
 じゃ ありませんでした

단어　最初 맨 처음 | 好きだ 좋아하다 | 昔 옛날 | ハンサムだ 잘생기다 | 努力 노력 | 無駄だ 헛되다, 쓸데없다

Tip　~じゃ ありませんでした 대신 ~じゃ なかったです를 쓰면 좀 더 캐주얼한 회화 표현이 돼요. 또, なかったです에서 です를 빼면 '~지 않았다'는 な형용사의 반말 부정 표현이 됩니다.
예 好きじゃ なかったです。 안 좋아했어요. / 好きじゃ なかった。 안 좋아했다.

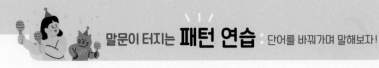
🎧 20-2.mp3

처음에 는 좋아하 지 않았습니다.

さいしょ　　　　す
最初 は 好き じゃ ありませんでした。

---

① じかん　　　じゅうぶん
時間 / 十分だ　　　　　시간은 충분하지 않았습니다. (((🗣

② はじ　　　　じょう ず
初め / 上手だ　　　　처음에는 잘하지 않았습니다. (((🗣

③ とき
その時 / いやだ　　　그때는 싫어하지 않았습니다. (((🗣

④ ふくざつ
ルール / 複雑だ　　　규칙은 복잡하지 않았습니다. (((🗣

단어　じかん
　　　　　時間 시간 ｜ じゅうぶん **十分だ** 충분하다 ｜ はじ **初め** 처음, 최초 ｜ じょう ず **上手だ** 잘하다 ｜ とき **その時** 그때 ｜ **いやだ** 싫어하다 ｜

ルール 룰, 규칙 ｜ ふくざつ **複雑だ** 복잡하다

Tip　일본어로 '충분하다'는 표현은 じゅうぶん **十分**과 じゅうぶん **充分** 두 가지가 있습니다. 전달하고 싶은 뉘앙스에 따라 구분해서
　　　쓰는데요. 숫자 '열 십(十)'의 **十分**은 객관적인 수치상 충분하다는 것을 의미하고, '채울 충(充)'의 한자를
　　　쓰는 じゅうぶん **充分**은 심적으로 충분한 것을 의미합니다.

🎧 20-3.mp3

하나가 리에에게 언제부터 남자 친구를 좋아했는지 물어봅니다.

 하나
最初<ruby>さいしょ</ruby>から 彼<ruby>かれ</ruby>が 好<ruby>す</ruby>きでしたか。

리에
いいえ、最初<ruby>さいしょ</ruby>は 好<ruby>す</ruby>きじゃ ありませんでした。

하나
どうして❶ですか。

리에
その時<ruby>とき</ruby>は お互<ruby>たが</ruby>い 興味<ruby>きょうみ</ruby>が なかったです。

하나
本当<ruby>ほんとう</ruby>ですか。

리에
はい、ただの 知<ruby>し</ruby>り合<ruby>あ</ruby>いでしたから❷。
でも、今<ruby>いま</ruby>は 彼<ruby>かれ</ruby>が 大好<ruby>だいす</ruby>きです。

단어 〜から ～부터〈시작〉, ～이니까〈이유·원인〉 | 彼<ruby>かれ</ruby> 그, 그 사람 | どうして 왜, 어째서 | その 그 | 時<ruby>とき</ruby> 때 |
お互<ruby>たが</ruby>い 서로 | 興味<ruby>きょうみ</ruby> 흥미, 관심 | なかったです 없었습니다〈ない 없다〉 | 本当<ruby>ほんとう</ruby> 진짜, 정말 |
ただ 그냥, 그저 | 知<ruby>し</ruby>り合<ruby>あ</ruby>い 아는 사이 | でも 하지만 | 今<ruby>いま</ruby> 지금 | 大好<ruby>だいす</ruby>きだ 매우 좋아하다

Plus 한때 일본에서는 壁<ruby>かべ</ruby>ドン이라는 단어가 유행했었는데요. 이 단어는 '벽'을 뜻하는 壁<ruby>かべ</ruby>와 벽에 부딪힐 때
나는 소리 ドン의 합성어로, 남자가 여자를 벽으로 밀어넣고 한손으로 벽을 치면서 얼굴을 마주하는 것을
의미합니다. 일본 여성들의 연애에 대한 로망을 나타내는 표현이기도 해요.

하나 처음부터 그를 좋아했어요?

리에 아니요, 처음에는 안 좋아했어요.

하나 왜요?

리에 그때는 서로 관심이 없었어요.

하나 정말요?

리에 네, 그냥 아는 사이였거든요.
      하지만 지금은 그를 너무 좋아해요.

표현

❶ どうして 왜, 어째서

'왜, 어째서'라는 이유를 나타내는 표현으로 일상 회화에서 자주 쓰입니다. 앞에서 이유나 원인을 나타내는 표현으로 なんで를 학습했는데, 비교하자면 なんで보다 どうして가 더 공손한 표현이에요.

❷ ～から ～이니까, ～때문에

から는 장소나 시간을 나타내는 말에 붙으면 '～부터'라는 시작점을 나타내는데, 여기서처럼 문말에 から를 붙이면 이유나 원인을 나타내는 표현이 되며 '～이니까, ～때문에'로 해석됩니다.

예 好きでしたから。 좋아했으니까요.
    好きじゃ ありませんでしたから。 좋아하지 않았으니까요.

1. 잘 듣고 보기에서 알맞은 어휘를 골라 문장을 완성해 보세요.　　🎧 20-4.mp3

[보기]

その<ruby>時<rt>とき</rt></ruby>｜<ruby>時間<rt>じ かん</rt></ruby>｜じゃ ありませんでした｜は｜
<ruby>上手<rt>じょう ず</rt></ruby>｜<ruby>勉強<rt>べんきょう</rt></ruby>｜<ruby>複雑<rt>ふくざつ</rt></ruby>｜<ruby>無駄<rt>む だ</rt></ruby>

① 공부는 잘하지 않았습니다.　➡ _____ 。

② 시간은 헛되지 않았습니다.　➡ _____ 。

③ 그때는 복잡하지 않았습니다.　➡ _____ 。

2. 우리말에 맞게 문장을 써 보고 완성된 문장을 큰 소리로 읽어 보세요.

① ハンサムだ (잘생기다)

➡ _____ 。　잘생기지 않았습니다.

② <ruby>上手<rt>じょう ず</rt></ruby>だ (잘하다)

➡ _____ 。　잘하지 않았습니다.

③ <ruby>十分<rt>じゅうぶん</rt></ruby>だ (충분하다)

➡ _____ 。　충분하지 않았습니다.

이상한 회사예요.

変な 会社です。
へん　かい しゃ

오늘의 포인트 ✨

> ### な형용사의 명사 수식
>
> ## な형용사 어간 ＋ な ＋ 명사 ~한 ~

이런 말을 할 수 있어요 💬

> ## 좋아하는 사람 / 활기찬 도시

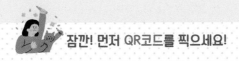 잠깐! 먼저 QR코드를 찍으세요!

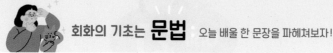
🎧 21-1.mp3

이상 / 한 / 회사 / 입니다

変(へん) / な / 会社(かいしゃ) / です

오늘은 な형용사의 명사 수식 표현을 배워 봅시다. な형용사의 명사 수식 표현은 〈な형용사 어간+な+명사〉의 형태로 '～한 ～(명사)'라는 뜻이 됩니다. な형용사 끝에 있는 어미 だ를 없애고 な를 붙이면 돼요. 다양한 な형용사를 넣어 문장을 만들어 보세요.

変(へん)だ + な + 会社(かいしゃ) = 変(へん)な 会社(かいしゃ)
이상하다   ～한   회사   이상한 회사

📢 아래 문장을 듣고 따라 말해 보세요.

소중 / 한 / 사람 / 입니다	편리 / 한 / 도구 / 입니다
大切(たいせつ) / な / 人(ひと) / です	便利(べんり) / な / 道具(どうぐ) / です

단어 変(へん)だ 이상하다 | 会社(かいしゃ) 회사 | 大切(たいせつ)だ 소중하다 | 人(ひと) 사람 | 便利(べんり)だ 편리하다 | 道具(どうぐ) 도구

Tip な형용사의 기본형은 어미가 だ로 끝나지만 명사 앞에서 '～한'의 의미로 쓰일 때는 な의 형태로 바뀝니다.
예 大切(たいせつ)だ 소중하다 → 大切(たいせつ)な 人(ひと) 소중한 사람 / 便利(べんり)だ 편리하다 → 便利(べんり)な 道具(どうぐ) 편리한 도구

🎧 21-2.mp3

이상 한 회사 입니다.

へん
変 な かいしゃ
会社 です。

① しんせん くだもの
新鮮だ / **果物**　　　　　　신선한 과일입니다. (((🗣

② **きれいだ** / じ
字　　　　　　예쁜 글씨입니다. (((🗣

③ ふくざつ きも
複雑だ / **気持ち**　　　　　복잡한 기분입니다. (((🗣

④ ゆうめい ばしょ
有名だ / **場所**　　　　　　유명한 장소입니다. (((🗣

단어　しんせん
新鮮だ 신선하다 | くだもの
果物 과일 | **きれいだ** 예쁘다, 깨끗하다 | じ
字 글자, 글씨 | ふくざつ
複雑だ 복잡하다 |
きも
気持ち 기분 | ゆうめい
有名だ 유명하다 | ばしょ
場所 장소

Tip　きれいだ는 '예쁘다'라는 뜻과 '깨끗하다'라는 두 가지 뜻이 있어요. 상황에 따라 적절하게 해석하세요.

179

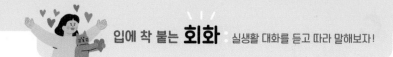

입에 착 붙는 **회화** : 실생활 대화를 듣고 따라 말해보자!

🎧 21-3.mp3

하나 얼굴에 불만이 가득합니다. 리에가 하나에게 무슨 일이 있었는지 물어봅니다.

하나
<ruby>最近<rt>さいきん</rt></ruby>、<ruby>忙<rt>いそが</rt></ruby>しくて　<ruby>毎日<rt>まいにち</rt></ruby>　<ruby>仕事<rt>しごと</rt></ruby>です。

리에
<ruby>休<rt>やす</rt></ruby>みは？

하나
<ruby>休<rt>やす</rt></ruby>みなんか　ありません❶。

리에
<ruby>変<rt>へん</rt></ruby>な　<ruby>会社<rt>かいしゃ</rt></ruby>ですね。

하나
はい、それが　<ruby>悩<rt>なや</rt></ruby>みです。

りえさんの　<ruby>会社<rt>かいしゃ</rt></ruby>は　どうですか。

리에
うち❷は　<ruby>暇<rt>ひま</rt></ruby>な　<ruby>会社<rt>かいしゃ</rt></ruby>です。

<ruby>仕事<rt>しごと</rt></ruby>が　<ruby>少<rt>すく</rt></ruby>なくて　つまらないです。

단어
<ruby>最近<rt>さいきん</rt></ruby> 최근, 요즘 ｜ <ruby>忙<rt>いそが</rt></ruby>しい 바쁘다 ｜ <ruby>毎日<rt>まいにち</rt></ruby> 매일 ｜ <ruby>仕事<rt>しごと</rt></ruby> 일 ｜ <ruby>休<rt>やす</rt></ruby>み 휴일, 휴가 ｜ なんか 따위 ｜

ありません 없습니다 ｜ それ 그것 ｜ <ruby>悩<rt>なや</rt></ruby>み 고민 ｜ うち 우리, 저희 ｜ <ruby>暇<rt>ひま</rt></ruby>だ 한가하다 ｜ <ruby>少<rt>すく</rt></ruby>ない 적다 ｜

つまらない 재미없다, 보잘것없다

Plus
일본에서는 정규 취업을 하지 않고 아르바이트로 생계를 유지해 나가는 사람들이 꽤 많습니다. 이 사람들을 フリーター라고 하는데요. 회사에 얽매이지 않고 자유롭게 일하고 싶다거나, 혹은 정규 취업이 힘든 경우 フリーター의 삶을 택하곤 해요. 참고로 일본의 아르바이트 최저 시급은 지역별로 다르게 책정되며, 수도인 도쿄는 1,013엔(약 10,000원) 정도입니다.

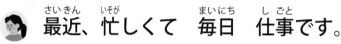

하나   **요즘 바빠서 매일 일해요.**

리에   **휴일은요?**

하나   **휴일 같은 거 없어요.**

리에   **이상한 회사네요.**

하나   **네, 그게 고민이에요.**
           리에 씨 회사는 어때요?

리에   **저희는 한가한 회사예요.**
           일이 적어서 재미없어요.

표현

❶ **～なんか ありません ～같은 거/따위 없어요**
なんか는 '～등, 따위'라는 뜻으로 예를 들 때 쓰는 표현입니다. 앞에는 명사가 오며, 회화에서 종종 쓰이는 표현이에요.

예   お金^{かね}なんか ありません。 돈 같은 거 없어요.

❷ **うち 우리**
うち는 자신이 소속되어 있는 조직이나 단체 등을 나타내는 표현입니다.

예   うちの 家族^{かぞく} 우리 가족
     うちの 会社^{かいしゃ} 우리 회사

1. 잘 듣고 보기에서 알맞은 어휘를 골라 문장을 완성해 보세요.　🎧 21-4.mp3

[보기]

ひと	ば しょ	かいしゃ	ゆうめい			べん り	たいせつ
人	場所	会社	有名	な	です	便利	大切

① 편리한 장소입니다.　➡ ＿＿＿＿＿＿＿＿＿＿＿＿＿＿＿＿ 。

② 소중한 사람입니다.　➡ ＿＿＿＿＿＿＿＿＿＿＿＿＿＿＿＿ 。

③ 유명한 회사입니다.　➡ ＿＿＿＿＿＿＿＿＿＿＿＿＿＿＿＿ 。

2. 우리말에 맞게 문장을 써 보고 완성된 문장을 큰 소리로 읽어 보세요.

① ふくざつ **複雑だ** (복잡하다) / き も **気持ち** (기분)

➡ ＿＿＿＿＿＿＿＿＿＿＿＿＿＿＿＿ 。 복잡한 기분입니다.

② ひま **暇だ** (한가하다) / まいにち **毎日** (매일)

➡ ＿＿＿＿＿＿＿＿＿＿＿＿＿＿＿＿ 。 한가한 매일입니다.

③ へん **変だ** (이상하다) / どう ぐ **道具** (도구)

➡ ＿＿＿＿＿＿＿＿＿＿＿＿＿＿＿＿ 。 이상한 도구입니다.

미소가 멋지고 상냥해요.

えがお　　　すてき
笑顔が 素敵で
やさ
優しいです。

오늘의 포인트 ✨

な형용사의 연결

な형용사 어간 ＋ で ~하고, ~해서

이런 말을 할 수 있어요 💬

한가하고 여유로워요. / 여기는 깨끗하고 조용해요.

 잠깐! 먼저 QR코드를 찍으세요!

책을 펼치고
동영상 강의를 보면서
학습을 시작합니다!

동영상 강의 보기　　mp3 파일 듣기

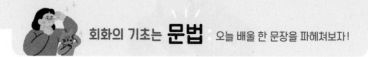
🎧 22-1.mp3

미소 / 가 / 멋지 / 고 / 상냥합니다

笑顔（えがお）/ が / 素敵（すてき）/ で / 優（やさ）しいです

오늘은 な형용사의 연결 표현을 배워 봅시다. な형용사의 연결 표현은 〈な형용사 어간＋で〉의 형태로 '~하고, ~해서'라는 뜻을 나타냅니다. な형용사 맨 끝에 있는 어미 だ를 없애고 で를 붙이면 돼요. 다양한 な형용사를 써서 문장을 만들어 보세요.

素敵（すてき）だ ＋ で ＋ 優（やさ）しいです ＝ 素敵（すてき）で 優（やさ）しいです
멋지다　　～하고, ～해서　　상냥합니다　　　　　　　　멋지고 상냥합니다

📣 아래 문장을 듣고 따라 말해 보세요.

매일 / 이 / 행복하 / 고 / 즐겁습니다

毎日（まいにち）/ が / 幸（しあわ）せ / で / 楽（たの）しいです

이야기 / 가 / 복잡하 / 고 / 어렵습니다

話（はなし）/ が / 複雑（ふくざつ）/ で / 難（むずか）しいです

단어　笑顔（えがお）웃는 얼굴, 미소 ｜ 素敵（すてき）だ 멋지다 ｜ 優（やさ）しい 상냥하다, 친절하다 ｜ 毎日（まいにち）매일 ｜ 幸（しあわ）せだ 행복하다 ｜ 楽（たの）しい 즐겁다 ｜ 話（はなし）이야기 ｜ 複雑（ふくざつ）だ 복잡하다 ｜ 難（むずか）しい 어렵다

Tip　～で는 기본적으로 두 개의 문장을 잇는 역할을 하지만, '～해서'라고 해석할 때는 이유를 나타내기도 해요. 즉「話（はなし）が 複雑（ふくざつ）で 難（むずか）しいです」의 경우, '이야기가 복잡하고 어려워요'라고 해석할 수도 있지만 '이야기가 복잡해서 어려워요'라는 뜻으로도 해석할 수 있습니다.

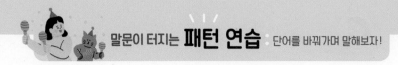

말문이 터지는 **패턴 연습** 단어를 바꿔가며 말해보자!

🎧 22-2.mp3

미소 가 멋지 고 상냥 합니다.

<ruby>笑顔<rt>えがお</rt></ruby> が <ruby>素敵<rt>すてき</rt></ruby> で <ruby>優<rt>やさ</rt></ruby>しい です。

❶ <ruby>使<rt>つか</rt></ruby>い<ruby>方<rt>かた</rt></ruby> / <ruby>簡単<rt>かんたん</rt></ruby>だ / <ruby>便利<rt>べんり</rt></ruby>だ　　　사용법이 간단하고 편리합니다. (((🗨

❷ <ruby>時間<rt>じかん</rt></ruby> / <ruby>無駄<rt>むだ</rt></ruby>だ / もったいない　　시간이 쓸데없고 아깝습니다. (((🗨

❸ <ruby>街<rt>まち</rt></ruby> / きれいだ / にぎやかだ　　　거리가 예쁘고 활기찹니다. (((🗨

❹ <ruby>犬<rt>いぬ</rt></ruby> / <ruby>元気<rt>げんき</rt></ruby>だ / <ruby>明<rt>あか</rt></ruby>るい　　　　　개가 건강하고 밝습니다. (((🗨

단어　<ruby>使<rt>つか</rt></ruby>い<ruby>方<rt>かた</rt></ruby> 사용법 | <ruby>簡単<rt>かんたん</rt></ruby>だ 간단하다 | <ruby>便利<rt>べんり</rt></ruby>だ 편리하다 | <ruby>時間<rt>じかん</rt></ruby> 시간 | <ruby>無駄<rt>むだ</rt></ruby>だ 쓸데없다, 소용없다 |
もったいない 아깝다 | <ruby>街<rt>まち</rt></ruby> 거리 | きれいだ 예쁘다, 깨끗하다 | にぎやかだ 활기차다, 번화하다 |
<ruby>犬<rt>いぬ</rt></ruby> 개 | <ruby>元気<rt>げんき</rt></ruby>だ 건강하다 | <ruby>明<rt>あか</rt></ruby>るい 밝다

🎧 22-3.mp3

하나가 리에에게 남자 친구가 어떤 사람인지 물어봅니다.

하나

りえさんの 彼氏^{かれし}は どんな 人^{ひと}ですか。

리에

私^{わたし}の 彼氏^{かれし}ですか。
彼^{かれ}は 笑顔^{えがお}が 素敵^{すてき}で 優^{やさ}しいです。
とにかく❶ 真面目^{まじめ}な 人^{ひと}ですよ。

하나

いいですね。 うらやましいです。
私^{わたし}も 彼氏^{かれし}が ほしいです❷。

단어

彼氏^{かれし} 남자 친구 | どんな 어떤 | 人^{ひと} 사람 | 私^{わたし} 나, 저 | 彼^{かれ} 그 | とにかく 하여간, 어쨌든 |
真面目^{まじめ}だ 성실하다 | いい 좋다 | うらやましい 부럽다 | (〜が) ほしい (〜을/를) 원하다, 갖고 싶다

Plus

요즘 한국에서도 '초식남'이라는 표현을 쓰는데요. 일본어 草食系男子^{そうしょくけいだんし}(초식계 남자)에서 온 표현입니다.
원래 초식은 풀을 뜯어먹는 행위를 가리키는데, 최근 연애에 적극적이지 않은 남자들이 많아지면서 생겨난
단어예요. 일본에는 본인이 초식남이라고 생각하는 남성이 꽤 있으며, 이 단어는 일상 회화에서도 자주 등
장합니다.

186

하나   리에 씨 남자 친구는 어떤 사람이에요?

리에   제 남자 친구요?
그는 미소가 멋지고 상냥해요.
어쨌든 성실한 사람이에요.

하나   좋네요. 부러워요.
저도 남자 친구가 있었으면 좋겠어요.

표현

❶ とにかく 하여간, 어쨌든

일상 회화에서 자주 쓰는 표현입니다. '하여간, 어쨌든, 아무튼'의 의미를 가집니다.

예   とにかく ねむい。아무튼 졸려.

      とにかく かわいい。아무튼 귀여워.

❷ ～が ほしいです ～을/를 원합니다, 갖고 싶습니다

본래 '～을/를'에 해당하는 조사는 を이지만, ほしい 앞에는 특별히 が가 옵니다. 이때 조사 が는
'～이/가'의 의미가 아닌 '～을/를'의 의미로 사용돼요.

예   お金が ほしいです。돈을 원합니다.

187

1. 잘 듣고 보기에서 알맞은 어휘를 골라 문장을 완성해 보세요. 🎧 22-4.mp3

[보기]

まじめ 真面目	ふくざつ 複雑	かんたん 簡単	で	です	むずか 難しい	やさ 優しい	べんり 便利

❶ 간단하고 편리합니다. ➡ ＿＿＿＿＿＿＿＿＿＿＿＿＿＿＿＿＿＿ 。

❷ 성실하고 상냥합니다. ➡ ＿＿＿＿＿＿＿＿＿＿＿＿＿＿＿＿＿＿ 。

❸ 복잡하고 어렵습니다. ➡ ＿＿＿＿＿＿＿＿＿＿＿＿＿＿＿＿＿＿ 。

2. 우리말에 맞게 문장을 써 보고 완성된 문장을 큰 소리로 읽어 보세요.

❶ げんき
元気だ (건강하다) / あか
明るい (밝다)

➡ ＿＿＿＿＿＿＿＿＿＿＿＿＿＿＿ 。 건강하고 밝았습니다.

❷ しあわ
幸せだ (행복하다) / たの
楽しい (즐겁다)

➡ ＿＿＿＿＿＿＿＿＿＿＿＿＿＿＿ 。 행복하고 즐거웠습니다.

❸ きれいだ (예쁘다) / にぎやかだ (활기차다)

➡ ＿＿＿＿＿＿＿＿＿＿＿＿＿＿＿ 。 예쁘고 활기찼습니다.

PART 3 주요 한자

Unit 17~Unit 22에서 배운 한자 중 꼭 눈에 익혀야 할 한자만 모았습니다. 이해하기 쉽게 한자마다 부수나 모양으로 재미있게 스토리를 붙였습니다. 가볍게 읽으면서 부담없이 한자를 익혀 봐요.

좋을 호

好

여자(女)가 아이(子)를 좋아해요.
아, 아이의 엄마군요.

好きだ 좋아하다

성품 성

性

사람은 태어날(生) 때부터
타고난 마음(忄)이 다 달라요.

性格 성격

인원 원

員

먹고(口) 살려면 돈(貝)이 필요하기에
가게에서 일을 해요.

＊옛날에는 화폐로 조개껍데기를 사용했기 때문에
한자에서 조개(貝)는 곧 돈을 의미해요.

店員 점원

이로울 리

利

사람이 벼(禾)를 칼(刂)로
베기 더욱 쉬워졌어요. 참 편리하네요.

便利だ 편리하다

손 수	밝을 명

手

손(手)재주가 상급(上) 레벨이네요.
아주 잘합니다.

<ruby>上手<rt>じょう ず</rt></ruby>だ 잘하다

明

해(日)와 달(月)은 밝습니다.
그리고 밝은 내일로 인도해 줍니다.

<ruby>明<rt>あか</rt></ruby>るい 밝다
<ruby>明日<rt>あした</rt></ruby> 내일

뜻 의	열매 과

意

마음(心)의 소리(音)는 의견입니다.

<ruby>意見<rt>い けん</rt></ruby> 의견

果

밭(田)의 나무(木)에서 열매가 열립니다.

<ruby>果物<rt>くだ もの</rt></ruby> 과일

동사

'가다, 먹다, 자다, 공부하다, 일하다, 웃다'처럼
사물의 동작과 행동을 나타내는 말을 '동사'라고 해요.

가다
いく
行く

먹다
たべる
食べる

자다
ねる
寝る

공부하다
べんきょうする
勉強する

일하다
はたらく
働く

웃다
わらう
笑う

동사의 종류와 필수 동사	1그룹 동사(あ・う・お단 + る・う단) 2그룹 동사(い・え단 + る) 3그룹 동사(する/くる)	~하다
동사의 공손한 긍정	동사의 ます형 + ます	~합니다
동사의 공손한 부정	동사의 ます형 + ません	~하지 않습니다
동사의 공손한 과거	동사의 ます형 + ました	~했습니다
동사의 공손한 과거 부정	동사의 ます형 + ませんでした	~하지 않았습니다
동사의 반말 부정	동사의 ない형 + ない	~하지 않다
동사의 반말 과거	동사의 て형 + た	~했다
동사의 연결	동사의 て형 + て	~하고, ~해서

맛있는 라면집을 소개할게.

おいしい ラーメン屋さんを
紹介する。

しょう かい

や

오늘의 포인트 ✦

동사의 종류와 필수 동사

1그룹 동사(あ・う・お단 + る・う단)
2그룹 동사(い・え단 + る)
3그룹 동사(する/くる)

~하다

이런 말을 할 수 있어요 💬

주말에 여행 가. / 내일 연락할게.

 잠깐! 먼저 QR코드를 찍으세요!

책을 펼치고
동영상 강의를 보면서
학습을 시작합니다!

동영상 강의 보기　　mp3 파일 듣기

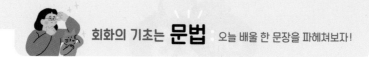
🎧 23-1.mp3

라면집 / 을 / 소개하다
ラーメン屋さん / を / 紹介する

오늘은 동사에 대해서 배워 봅시다. 일본어 동사는 기본형이 모두 う단(う·く·ぐ·す·つ·ぬ·ぶ·む·る)으로 끝나는데, 어미 형태에 따라 다음과 같이 세 종류로 나뉩니다.

[동사의 종류]

1그룹 동사	맨 끝(어미)이 **る** 이외의 う단(う·く·ぐ·す·つ·ぬ·ぶ·む)으로 끝나는 동사 예 いう[u] 말하다　　かく[ku] 쓰다 およぐ[gu] 헤엄치다　　はなす[su] 이야기하다 まつ[tsu] 기다리다　　しぬ[nu] 죽다 よぶ[bu] 부르다　　よむ[mu] 읽다 맨 끝(어미)이 **る**로 끝나지만 **る** 앞의 음이 **あ·う·お**단인 동사 예 (あ단) わか[ka]る 알다　　(う단) う[u]る 팔다 (お단) の[no]る 타다

194

	형태는 2그룹 동사이지만 1그룹 동사에 속하는 예외 1그룹 동사
	예 **き**[ki]**る** 자르다　　　　　　**かえ**[e]**る** 돌아가다, 돌아오다
	はい[i]**る** 들어가다, 들어오다　**しゃべ**[be]**る** 수다 떨다
	はし[shi]**る** 달리다　　　　　**へ**[he]**る** 줄다
2그룹 동사	맨 끝(어미)이 る로 끝나는 동사 중 る 앞의 음이 い단·え단인 동사
	예 (い단) **み**[mi]**る** 보다　　　(え단) **たべ**[be]**る** 먹다
3그룹 동사	불규칙 동사라고도 하며, 단 두 개의 동사가 있습니다.
	する 하다　　　**くる** 오다

단어 ラーメン 라면 ｜ ～屋(さん) ~집, ~가게 ｜ ～を ~을/를 ｜ 紹介する 소개하다 ｜ 言う 말하다 ｜
書く 쓰다 ｜ 泳ぐ 헤엄치다 ｜ 話す 이야기하다 ｜ 待つ 기다리다 ｜ 死ぬ 죽다 ｜ 呼ぶ 부르다 ｜ 読む 읽다 ｜
分かる 알다 ｜ 売る 팔다 ｜ 乗る 타다 ｜ 切る 자르다 ｜ 帰る 돌아가다, 돌아오다 ｜ 入る 들어가다, 들어오다 ｜
しゃべる 수다 떨다 ｜ 走る 달리다 ｜ 減る 줄다 ｜ 見る 보다 ｜ 食べる 먹다 ｜ する 하다 ｜ 来る 오다

책 / 을 / 사다

本 / を / 買う

친구 / 를 / 부르다

友達 / を / 呼ぶ

단어 / 를 / 외우다

単語 / を / 覚える

마카롱 / 을 / 먹다

マカロン / を / 食べる

쇼핑 / 을 / 하다

買い物 / を / する

단어 本 책 │ 買う 사다 │ 友達 친구 │ 呼ぶ 부르다 │ 単語 단어 │ 覚える 외우다 │ マカロン 마카롱 │
食べる 먹다 │ 買い物 쇼핑 │ する 하다

Tip 동사의 기본형은 그대로 반말이 되고, 기본형으로 현재뿐 아니라 미래의 일도 나타낼 수 있습니다.

🎧 23-2.mp3

라면집 을 소개하다 .

ラーメン屋^やさん を 紹介^{しょうかい}する 。

① ご飯^{はん} / 食^たべる   밥을 먹다. 🔊

② マンガ / 読^よむ   만화를 읽다. 🔊

③ ドラマ / 見^みる   드라마를 보다. 🔊

④ 名前^{なまえ} / 書^かく   이름을 쓰다. 🔊

단어 ご飯^{はん} 밥 | マンガ 만화 | 読^よむ 읽다 | ドラマ 드라마 | 見^みる 보다 | 名前^{なまえ} 이름 | 書^かく 쓰다

Tip 우리는 책이나 신문을 '본다'라고 말하지만, 일본은 신문이나 만화 같은 책 종류는 '보다'가 아닌 '읽다'라고 표현해요.

197

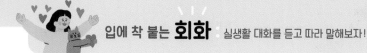

입에 착 붙는 **회화** : 실생활 대화를 듣고 따라 말해보자!

🎧 23-3.mp3

리에에게 한국인 친구 민재가 연락을 해 옵니다.

민재 りえ！ 明日 時間 ある？

리에 あるある！ なんで？

민재 ご飯 行く？
おいしい ラーメン屋さん❶ 紹介するよ。

리에 どこで 何時に 会う？

민재 カンナムに 3時は どう❷？

리에 いいよ！ じゃ、明日 また 連絡するね。

민재 オッケー。

단어
明日 내일 ｜ 時間 시간 ｜ ある 있다〈사물·식물〉 ｜ なんで 왜, 어째서 ｜ ご飯 밥 ｜ 行く 가다 ｜
おいしい 맛있다 ｜ どこ 어디 ｜ ～で ～에서 ｜ 何時 몇 시 ｜ ～に ～에 ｜ 会う 만나다 ｜ どう？ 어때? ｜
いい 좋다 ｜ じゃ 그럼 ｜ また 또, 다시 ｜ 連絡する 연락하다 ｜ オッケー ok, 괜찮다

Plus
会うた '만나다'라는 뜻으로, 앞에 대상을 나타내는 말이 올 때는 조사 を(～을/를) 대신 に를 써서
～に 会う(～을/를 만나다)의 형태로 쓰입니다.
예 彼氏に 会う。 남자 친구를 만나다.

민재 리에야! 내일 시간 있어?

리에 있어 있어! 왜?

민재 밥 먹으러 갈래?
     맛있는 라면집 소개할게.

리에 어디서 몇 시에 만날래?

민재 강남에 3시는 어때?

리에 좋아! 그럼, 내일 다시 연락할게.

민재 오케이.

표현

❶ ラーメン屋さん 라면 가게

'라면 가게'는 ラーメン屋さん 혹은 さん을 생략하고 ラーメン屋라고 합니다. 두 표현은 약간의 뉘앙스 차이가 있는데 さん을 붙이는 편이 좀 더 부드럽고 여성스러운 느낌이에요.

❷ カンナムに 3時は どう？ 강남에 3시는 어때?

우리말에서는 장소를 가리킬 때 '~에서'라는 조사를 쓰죠. 하지만 일본은 장소 뒤에 '~에서(で)'만 쓰지 않고 '~에(に)'를 쓰기도 합니다. に를 쓰면 특정 장소를 정확히 짚는 뉘앙스이고, で를 쓰면 어떤 행동이 일어나는 장소라는 뉘앙스가 됩니다. 뉘앙스만 다를 뿐이지 어느 쪽이든 다 사용할 수 있어요.

1. 잘 듣고 보기에서 알맞은 어휘를 골라 문장을 완성해 보세요. 🎧 23-4.mp3

[보기]

本 | 食べる | 買い物 | する | を | ご飯 | 買う

① 책을 사다. ➡ _____。

② 밥을 먹다. ➡ _____。

③ 쇼핑을 하다. ➡ _____。

2. 우리말에 맞게 문장을 써 보고 완성된 문장을 큰 소리로 읽어 보세요.

① ドラマ (드라마) / 見る (보다)

➡ _____。 드라마를 보다.

② マンガ (만화) / 読む (읽다)

➡ _____。 만화를 읽다.

③ 名前 (이름) / 書く (쓰다)

➡ _____。 이름을 쓰다.

학습일 :　　월　　일

택시를 부를게요.

タクシーを 呼びます。

<small>よ</small>

오늘의 포인트 ✦

동사의 공손한 긍정

동사의 ます형 ＋ ます　~합니다

이런 말을 할 수 있어요 💬

밥을 먹어요. / 친구를 만나요. / 전철을 타요.

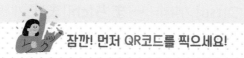

잠깐! 먼저 QR코드를 찍으세요!

책을 펼치고
동영상 강의를 보면서
학습을 시작합니다!

동영상 강의 보기　　mp3 파일 듣기

🎧 24-1.mp3

택시 / 를 / 부릅니다

タクシー / を / 呼びます

오늘은 '~합니다'라는 존댓말을 만드는 동사의 ます형에 대해서 배워 봅시다. 동사의 종류와 어미 형태에 따라 다음과 같이 만들어 보세요.

呼ぶ + ます = 呼びます
부르다 ~합니다 부릅니다

	동사의 맨 끝(어미)을 い단으로 바꾸고 ます를 붙여요.
	예 いう[u] 말하다 → いい[i]ます 말합니다
	かく[ku] 쓰다 → かき[ki]ます 씁니다
	およぐ[gu] 헤엄치다 → およぎ[gi]ます 헤엄칩니다
1그룹 동사	はなす[su] 이야기하다 → はなし[shi]ます 이야기합니다
	まつ[tsu] 기다리다 → まち[chi]ます 기다립니다
	しぬ[nu] 죽다 → しに[ni]ます 죽습니다
	よぶ[bu] 부르다 → よび[bi]ます 부릅니다
	よむ[mu] 읽다 → よみ[mi]ます 읽습니다
	はいる[ru] 들어가다 → はいり[ri]ます 들어갑니다

2그룹 동사	동사 맨 끝(어미)의 る를 없애고 ます를 붙여요. 예 **みる** 보다 ➔ **みます** 봅니다 **たべる** 먹다 ➔ **たべます** 먹습니다
3그룹 동사	두 개뿐이에요. **する** 하다 ➔ **します** 합니다 **くる** 오다 ➔ **きます** 옵니다

단어　**タクシー** 택시 ｜ **呼ぶ** 부르다 ｜ **言う** 말하다 ｜ **書く** 쓰다 ｜ **泳ぐ** 헤엄치다 ｜ **話す** 이야기하다 ｜ **待つ** 기다리다 ｜ **死ぬ** 죽다 ｜ **読む** 읽다 ｜ **入る** 들어가다, 들어오다 ｜ **見る** 보다 ｜ **食べる** 먹다 ｜ **する** 하다 ｜ **来る** 오다

🔊 아래 문장을 듣고 따라 말해 보세요.

손 / 을 / 씻 / 습니다

手 / を / 洗い / ます
て　　あら

댓글(코멘트) / 을 / 씁 / 니다

コメント / を / 書き / ます
か

수업 / 을 / 받 / 습니다(듣습니다)

授業 / を / 受け / ます
じゅぎょう　　う

집 / 을 / 나 / 옵니다

家 / を / 出 / ます
いえ　　で

질문 / 을 / 합 / 니다

質問 / を / し / ます
しつもん

단어　手 손 ｜ 洗う 씻다 ｜ コメント 코멘트, 댓글 ｜ 書く 쓰다 ｜ 授業 수업 ｜ 受ける 받다 ｜ 家 집 ｜
て　　あら　　　　　　　　　　　　　　　　　か　　　じゅぎょう　　　う　　　　　いえ
出る 나오다, 나가다 ｜ 質問 질문 ｜ する 하다
で　　　　　　　　　　しつもん

Tip　～ます 뒤에 か를 붙이면 '~합니까?'라는 공손한 의문문이 됩니다.

예　タクシーを 呼びますか。택시를 부릅니까?
よ
　　授業を 受けますか。수업을 듣습니까?
じゅぎょう　う

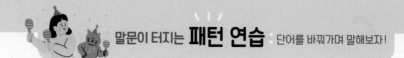
🎧 24-2.mp3

택시 를 부릅 니다.

タクシー を 呼び ます。

① ごみ / 捨てる   쓰레기를 버립니다. 🗣

② 車 / 運転する   차를 운전합니다. 🗣

③ バイク / 買う   오토바이를 삽니다. 🗣

④ バス / 待つ   버스를 기다립니다. 🗣

단어   ごみ 쓰레기 | 捨てる 버리다 | 車 (탈것) 차 | 運転する 운전하다 | バイク 오토바이 | 買う 사다 |
バス 버스 | 待つ 기다리다

入に着 붙는 **회화** : 실생활 대화를 듣고 따라 말해보자!

밤늦은 시간 하나와 리에가 집에 돌아가려 합니다.

하나 あ、もう　11時ですね。

리에 はい。もう　遅いですね。
そろそろ　帰りますか。

하나 はい。りえさんは　何で❶　帰りますか。

리에 バスで　帰ります。ハナさんは？

하나 私は　電車で　帰ります。
あ、でも　電車　ありますかね。

리에 じゃ、一緒に　タクシーに　乗りますか❷。
今　タクシーを　呼びますね。

단어 もう 이미, 벌써 | 遅い 늦다 | そろそろ 슬슬 | 帰る 돌아가다, 돌아오다 | 何で 무엇으로 | バス 버스 |
～で ～로〈수단·도구〉 | 電車 전철 | でも 하지만 | ある 있다〈사물·식물〉 | じゃ 그럼 |
一緒に 함께, 같이 | (～に) 乗る (～을/를) 타다 | 今 지금

Plus 일본의 택시는 자동문입니다. 굳이 손을 대지 않아도 택시기사가 알아서 조정해 주기 때문에 자동으로
열리고 닫힙니다. 승차 시에는 문을 열어 줄 때까지 기다리면 돼요.

206

하나　아, 벌써 11시네요.

리에　네. 이미 늦은 시간이네요.
　　　슬슬 돌아갈까요?

하나　네. 리에 씨는 뭘로 돌아가요?

리에　버스로 돌아가요. 하나 씨는요?

하나　저는 전철로 돌아가요.
　　　아, 근데 전철 있을까요?

리에　그럼 같이 택시 탈래요?
　　　지금 택시 부를게요.

표현

❶ 何で 무엇으로

한자 何는 기본적으로 なに라 읽고 '무엇'이라는 뜻인데요. 여기에 도구·수단을 나타내는 ～で(～로)가 붙으면 なにで라고 읽으며 '무엇으로'라고 해석합니다. 하지만 何で라고 쓰고 なんで라고 읽으면 이때는 '왜, 어째서'라는 이유·원인을 나타냅니다.

예　何で 行きますか。 무엇으로 갑니까?
　　何でですか。 왜죠?, 어째서죠?

❷ タクシーに 乗りますか 택시를 탈래요?

'타다'라는 뜻의 동사 乗る는 앞에 대상을 나타내는 조사로 を(～을/를)를 취하지 않습니다. 특별하게 조사 に를 취하니 ～に 乗る(～을/를 타다)로 외워 주세요.

예　タクシーに 乗る。 택시를 타다.
　　飛行機に 乗る。 비행기를 타다.

207

1. 잘 듣고 보기에서 알맞은 어휘를 골라 문장을 완성해 보세요.　🎧 24-4.mp3

[보기]

乗り｜ます｜電車｜帰り｜食べ｜に｜
ご飯｜を｜車｜で

① 전철을 탑니다.　　➡ ＿＿＿＿＿＿＿＿＿＿＿＿＿＿＿。

② 자동차로 돌아갑니다.　➡ ＿＿＿＿＿＿＿＿＿＿＿＿＿＿＿。

③ 밥을 먹습니다.　　➡ ＿＿＿＿＿＿＿＿＿＿＿＿＿＿＿。

2. 우리말에 맞게 문장을 써 보고 완성된 문장을 큰 소리로 읽어 보세요.

① 手(손) / 洗う(씻다)

➡ ＿＿＿＿＿＿＿＿＿＿＿＿＿＿＿。 손을 씻습니다.

② 家(집) / 出る(나오다)

➡ ＿＿＿＿＿＿＿＿＿＿＿＿＿＿＿。 집을 나옵니다.

③ タクシー(택시) / 呼ぶ(부르다)

➡ ＿＿＿＿＿＿＿＿＿＿＿＿＿＿＿。 택시를 부릅니다.

학습일:　　월　　일

저녁밥은 먹지 않아요.
ゆう しょく　　　　　た
夕食は　食べません。

오늘의 포인트 ✦

> ### 동사의 공손한 부정
>
> # 동사의 ます형 + ません　~하지 않습니다

이런 말을 할 수 있어요 💬

> ## 공포 영화는 보지 않아요. / 산에는 가지 않아요.

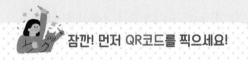

잠깐! 먼저 QR코드를 찍으세요!

책을 펼치고
동영상 강의를 보면서
학습을 시작합니다!

동영상 강의 보기 　　 mp3 파일 듣기

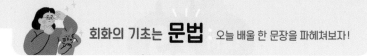
🎧 25-1.mp3

저녁밥 / 은 / 먹 / 지 않습니다
夕食 / は / 食べ / ません
ゆう しょく　　　　た

오늘은 '~하지 않습니다, 안 ~합니다'라는 공손한 부정문을 만드는 ～ません에 대해서 배워 봅시다. 앞서 배운 ます형에서 ます를 ません으로만 바꾸면 공손한 부정문이 됩니다.

$$食べる + ません = 食べません$$

먹다　　　　　　~하지 않습니다　　　　먹지 않습니다

1그룹 동사	**동사의 맨 끝(어미)을 い단으로 바꾸고 ません을 붙여요.** 예 いう[u] 말하다 → いい[i]ません 말하지 않습니다 かく[ku] 쓰다 → かき[ki]ません 쓰지 않습니다 およぐ[gu] → およぎ[gi]ません 헤엄치다　　　　　　헤엄치지 않습니다 はなす[su] → はなし[shi]ません 이야기하다　　　　이야기하지 않습니다 まつ[tsu] 기다리다 → まち[chi]ません 기다리지 않습니다 しぬ[nu] 죽다 → しに[ni]ません 죽지 않습니다

よぶ[bu] 부르다 → よび[bi]ません 부르지 않습니다

よむ[mu] 읽다 → よみ[mi]ません 읽지 않습니다

はいる[ru] → はいり[ri]ません

들어가다　　　　　들어가지 않습니다

2그룹 동사	동사 맨 끝(어미)의 る를 없애고 ません을 붙여요. 예 みる 보다 → みません 보지 않습니다 たべる 먹다 → たべません 먹지 않습니다
3그룹 동사	두 개뿐이에요. する 하다 → しません 하지 않습니다 くる 오다 → きません 오지 않습니다

단어　夕食 저녁밥 | 食べる 먹다 | 言う 말하다 | 書く 쓰다 | 泳ぐ 헤엄치다 | 話す 이야기하다 |
待つ 기다리다 | 死ぬ 죽다 | 呼ぶ 부르다 | 読む 읽다 | 入る 들어가다, 들어오다 | 見る 보다 |
食べる 먹다 | する 하다 | 来る 오다

영수증 / 은 / 필요하 / 지 않습니다

レシート / は / 要^いり / ません

신문 / 은 / 읽 / 지 않습니다

新聞^{しんぶん} / は / 読^よみ / ません

테스트 / 는 / 받 / 지 않습니다(보지 않습니다)

テスト / は / 受^うけ / ません

창문 / 은 / 열 / 지 않습니다

窓^{まど} / は / 開^あけ / ません

그녀 / 는 / 오 / 지 않습니다

彼女^{かのじょ} / は / き / ません

단어 | レシート 영수증 | 要^いる 필요하다〈예외 1그룹 동사〉 | 新聞^{しんぶん} 신문 | 読^よむ 읽다 | テスト 테스트, 시험 | 受^うける 받다 | 窓^{まど} 창문 | 開^あける 열다 | 彼女^{かのじょ} 그녀, 여자 친구 | 来^くる 오다

Tip '영수증'이란 단어는 두 가지가 있습니다. 편의점이나 슈퍼 등에서 간단히 뽑아 주는 영수증은 レシート 라고 하고, 손글씨로 직접 써 주는 회사 제출용 영수증은 領収書^{りょうしゅうしょ}라고 합니다.

🎧 25-2.mp3

저녁밥 은 먹 지 않습니다.

<ruby>夕食<rt>ゆうしょく</rt></ruby> は <ruby>食<rt>た</rt></ruby>べ ません。

❶ <ruby>日本語<rt>にほんご</rt></ruby> / <ruby>勉強<rt>べんきょう</rt></ruby>する

일본어는 공부하지 않습니다. ((⟨))

❷ タバコ / <ruby>吸<rt>す</rt></ruby>う

담배는 피우지 않습니다. ((⟨))

❸ お<ruby>酒<rt>さけ</rt></ruby> / <ruby>飲<rt>の</rt></ruby>む

술은 마시지 않습니다. ((⟨))

❹ ユーチューブ / <ruby>見<rt>み</rt></ruby>る

유튜브는 보지 않습니다. ((⟨))

단어　<ruby>日本語<rt>にほんご</rt></ruby> 일본어 ｜ <ruby>勉強<rt>べんきょう</rt></ruby>する 공부하다 ｜ タバコ 담배 ｜ <ruby>吸<rt>す</rt></ruby>う 들이마시다, 빨아들이다 ｜ お<ruby>酒<rt>さけ</rt></ruby> 술 ｜
<ruby>飲<rt>の</rt></ruby>む 마시다 ｜ ユーチューブ 유튜브 ｜ <ruby>見<rt>み</rt></ruby>る 보다

213

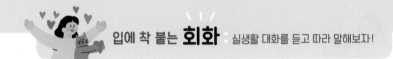
🎧 25-3.mp3

저녁 식사 시간, 하나가 리에에게 무엇을 먹을 건지 물어봅니다.

하나　夕食は　何に　しますか。

리에　すみません❶。私は　けっこうです❷。

하나　え？

리에　ごめんなさい❶。
　　　これから　夕食は　食べません。
　　　ダイエットします。

하나　なるほど！　はい、分かりました❸。
　　　先に　食べます。お弁当も　要りませんか。

리에　はい、本当に　大丈夫です。

단어　何 무엇｜〜に　する ～로 하다｜すみません 미안합니다｜けっこう 괜찮음｜
ごめんなさい 미안합니다, 죄송합니다｜これから 이제부터, 앞으로｜ダイエットする 다이어트하다｜
なるほど 과연, 역시｜分かる 알다, 이해하다｜先に 먼저｜お弁当 도시락｜要る 필요하다｜
本当に 정말로｜大丈夫だ 괜찮다

하나	저녁밥은 뭘로 할까요?
리에	죄송해요. 저는 됐어요.
하나	네?
리에	죄송해요. 이제부터 저녁밥은 안 먹을 거예요. 다이어트할 거예요.
하나	그렇구나! 네, 알겠습니다. 먼저 먹을게요. 도시락도 필요 없어요?
리에	네, 정말 괜찮아요.

표현

① **すみません / ごめんなさい** 미안합니다, 죄송합니다

가볍게 사과할 때는 ごめんなさい(미안합니다), 일반적으로는 すみません(죄송합니다)이라고 사과합니다. 덧붙여 すみません에는 '실례합니다'라는 뜻도 있어서 '저기요'라고 사람을 부를 때도 쓸 수 있어요.

② **けっこうです** 됐습니다

けっこうです는 사양할 때 쓰는 표현이에요. 허물없이 쓰는 가벼운 느낌을 주기 때문에 일상 회화에서 많이 쓰이며, 대신 쓸 수 있는 표현으로 大丈夫です(괜찮습니다)도 있습니다. 또한 완강한 거절 의사 표현으로는 要りません(필요 없어요)이라는 표현도 있습니다.

③ **分かりました** 알겠습니다

'알다'라는 뜻으로 쓰이는 단어에는 分かる와 知る 두 가지가 있는데, 둘은 의미상 차이가 있어요. 分かる는 내용에 대해 이해했거나 파악했다는 뉘앙스의 '알다'이고, 知る는 정보나 지식을 터득하고 있다는 뉘앙스의 '알다'라는 뜻입니다.

1. 잘 듣고 보기에서 알맞은 어휘를 골라 문장을 완성해 보세요. 🎧 25-4.mp3

[보기]

| た
食べ | べんとう
お弁当 | ゆうしょく
夕食 | は | う
受け | い
要り | テスト | ません |

① 도시락은 필요하지 않습니다. ⟹ _____ 。

② 저녁밥은 먹지 않습니다. ⟹ _____ 。

③ 시험은 보지 않습니다. ⟹ _____ 。

2. 우리말에 맞게 문장을 써 보고 완성된 문장을 큰 소리로 읽어 보세요.

① **タバコ** (담배) / す
吸う (들이마시다)

⟹ _____ 。 담배를 피우지 않습니다.

② **ユーチューブ** (유튜브) / み
見る (보다)

⟹ _____ 。 유튜브를 보지 않습니다.

③ さけ
お酒 (술) / の
飲む (마시다)

⟹ _____ 。 술은 마시지 않습니다

216

방 청소를 했어요.

へ　や　　　　そう　じ
部屋の 掃除を しました。

오늘의 포인트 ✦

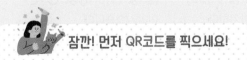

동사의 공손한 과거

동사의 ます형 ＋ ました　~했습니다

이런 말을 할 수 있어요 💬

어제 쉬었어요. / 지난 주말에 영화를 봤어요.

잠깐! 먼저 QR코드를 찍으세요!

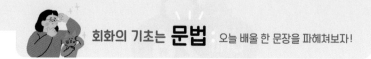

🎧 26-1.mp3

방 청소 / 를 / 하 / 였습니다

部屋の 掃除 / を / し / ました
へ や　そう じ

오늘은 '~했습니다'라는 뜻을 가진 동사의 공손한 과거 표현 ました에 대해서 배워 봅시다.
앞서 배운 ます형에서 ます, ません 대신에 ました를 붙이면 됩니다.

する + ました = しました
하다　　～했습니다　　하였습니다

	동사의 맨 끝(어미)을 い단으로 바꾸고 ました를 붙여요.
1그룹 동사	예 いう[u] 말하다 → いい[i]ました 말했습니다 かく[ku] 쓰다 → かき[ki]ました 썼습니다 およぐ[gu] 헤엄치다 → およぎ[gi]ました 헤엄쳤습니다 はなす[su] → はなし[shi]ました 이야기하다　　　　이야기했습니다 まつ[tsu] 기다리다 → まち[chi]ました 기다렸습니다 しぬ[nu] 죽다 → しに[ni]ました 죽었습니다 よぶ[bu] 부르다 → よび[bi]ました 불렀습니다

218

よむ[mu] 읽다 → よみ[mi]ました 읽었습니다

はいる[ru] 들어가다 → はいり[ri]ました 들어갔습니다

2그룹 동사	동사 맨 끝(어미)의 る를 없애고 ました를 붙여요. 例 みる 보다 → みました 봤습니다 たべる 먹다 → たべました 먹었습니다
3그룹 동사	두 가지뿐이에요. する 하다 → しました 했습니다 くる 오다 → きました 왔습니다

단어
部屋 방 ｜ ～の ～의〈명사 연결〉 ｜ 掃除 청소 ｜ する 하다 ｜ 言う 말하다 ｜ 書く 쓰다 ｜ 泳ぐ 헤엄치다 ｜
話す 이야기하다 ｜ 待つ 기다리다 ｜ 死ぬ 죽다 ｜ 呼ぶ 부르다 ｜ 読む 읽다 ｜ 入る 들어가다, 들어오다 ｜
見る 보다 ｜ 食べる 먹다 ｜ 来る 오다

구두 / 를 / 샀습니다

靴 / を / 買い / ました

친구 / 와 / 놀 / 았습니다

友達 / と / 遊び / ました

비밀번호 / 를 / 잊 / 었습니다

パスワード / を / 忘れ / ました

쓰레기 / 를 / 버 / 렸습니다

ゴミ / を / 捨て / ました

화해 / 를 / 하 / 였습니다

仲直り / を / し / ました

단어 靴 구두 | 買う 사다 | 友達 친구 | 遊ぶ 놀다 | パスワード 비밀번호 | 忘れる 잊다 |
ゴミ 쓰레기 | 捨てる 버리다 | 仲直り 화해

Tip ～ます(～합니다), ～ません(～하지 않습니다), ～ました(～했습니다)의 접속은 다 똑같아요.

🎧 26-2.mp3

방 청소 를 하 였습니다.

部屋の 掃除 を し ました。

① うそ / つく
거짓말을 하였습니다. (((🗣

② 料理 / 作る
요리를 만들었습니다. (((🗣

③ シャワー / 浴びる
샤워를 하였습니다. (((🗣

④ 電話 / かける
전화를 걸었습니다. (((🗣

단어 うそ 거짓말 | つく 말하다 | 料理 요리 | 作る 만들다 | シャワー 샤워 | 浴びる 뒤집어쓰다 |
電話 전화 | かける 걸다

🎧 26-3.mp3

하나와 리에가 지난 휴일을 회상하며 이야기합니다.

하나 休みは 何を しましたか。

리에 せっかくの 休みでしたので 部屋の 掃除を しました。

하나 そうでしたか。普段は 忙しくて 掃除の 時間が ありませんよね**❶**。

리에 そうです。今回 部屋を 掃除して すっきり しました。はなさんは？

하나 友達と 花を 見に 行きました**❷**。

리에 いいですね。

단어 休み 쉬는 날, 휴일 | 何 무엇 | せっかく 모처럼 | ～ので ～때문에 | 普段 평상시, 평소 | 忙しい 바쁘다 | 時間 시간 | ありません 없습니다〈사물·식물〉 | 今回 이번 | 掃除する 청소하다 | すっきり 상쾌한 모양 | 友達 친구 | ～と ～와/과 | 花 꽃 | 見る 보다 | ～に ～하러, ～에 | 行く 가다 | いい 좋다

Plus 일본의 벚꽃 개화 시기는 지역의 기후에 따라 다르지만, 도쿄의 경우 대부분 매년 3월 20일경부터입니다. 벚꽃 구경은 낮에도 좋지만, 밤에는 조명을 밝혀 또 다른 분위기를 자아내기 때문에 밤에 벚꽃을 구경하는 사람도 많습니다. 참고로 '밤의 벚꽃'은 夜桜라고 부릅니다.

하나 쉬는 날엔 뭘 했어요?

리에 모처럼 쉬는 날이어서 방 청소를 했어요.

하나 그랬어요? 평상시는 바빠서 청소할 시간이 없죠?

리에 맞아요. 이번에 방을 청소하고 개운해졌어요.
      하나 씨는요?

하나 친구랑 꽃을 보러 갔었어요.

리에 좋네요.

표현

❶ 時間が　ありませんよね 시간이 없죠?
　じかん

　~よね는 '그렇죠?, 맞죠?'라는 뜻으로 문말에 쓰이는 표현인데요. 내 의견이 상대의 의견과 같다고
　표현할 때, 즉 '나도 당신과 같은 생각을 하고 있었다'고 어필할 때 사용합니다.

　　예　あそこの　お店　おいしいですよね？ 저 가게 맛있죠?
　　　　　　　みせ

❷ 花を　見に　行きました 꽃을 보러 갔습니다
　はな　 み　 い

　~に는 장소나 시간을 나타내는 말에 붙으면 '~에'라는 뜻이지만, 뒤에 行く(가다)·来る(오다)라는
　　　　　　　　　　　　　　　　　　　　　　　　　　　　い　　　　く
　동사가 오면 '~하러'라는 목적을 나타냅니다.

223

1. 잘 듣고 보기에서 알맞은 어휘를 골라 문장을 완성해 보세요.   🎧 26-4.mp3

[보기]

ました │ シャワー │ かけ │ 忘れ │ 浴び │
電話 │ を │ パスワード

---

① 비밀번호를 잊었습니다.   ⇒ _____ 。

② 전화를 걸었습니다.   ⇒ _____ 。

③ 샤워를 했습니다.   ⇒ _____ 。

2. 우리말에 맞게 문장을 써 보고 완성된 문장을 큰 소리로 읽어 보세요.

① 靴 (구두) / 買う (사다)

⇒ _____ 。 구두를 샀습니다.

② うそ (거짓말) / つく (말하다)

⇒ _____ 。 거짓말을 했습니다.

③ 料理 (요리) / 作る (만들다)

⇒ _____ 。 요리를 만들었습니다.

224

관심이 없었어요.

<ruby>興味<rt>きょう み</rt></ruby>が ありませんでした。

오늘의 포인트 ✦

동사의 공손한 과거 부정

동사의 ます형 + ませんでした ~하지 않았습니다

이런 말을 할 수 있어요 💬

밥을 안 먹었어요. / 청소를 안 했어요.

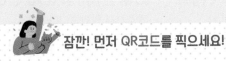 잠깐! 먼저 QR코드를 찍으세요!

책을 펼치고
동영상 강의를 보면서
학습을 시작합니다!

 동영상 강의 보기　mp3 파일 듣기

🎧 27-1.mp3

관심 / 이 / 있 / 지 않았습니다(없었습니다)

<ruby>興味<rt>きょう み</rt></ruby> / が / あり / ませんでした

오늘은 '~하지 않았습니다'라는 뜻을 가진 동사의 공손한 과거 부정 표현 ~ませんでした에 대해 배워 봅시다. ます형에서 ます, ません, ました 대신에 ませんでした를 넣으면 돼요.

ある + ませんでした = ありませんでした

있다   ~지 않았습니다   있지 않았습니다[없었습니다]

	동사의 맨 끝(어미)을 い단으로 바꾸고 ませんでした를 붙여요.
1그룹 동사	예 いう[u] → いい[i]ませんでした 말하다 말하지 않았습니다 かく[ku] 쓰다 → かき[ki]ませんでした 쓰지 않았습니다 およぐ[gu] → およぎ[gi]ませんでした 헤엄치다 헤엄치지 않았습니다 はなす[su] → はなし[shi]ませんでした 이야기하다 이야기하지 않았습니다 まつ[tsu] → まち[chi]ませんでした 기다리다 기다리지 않았습니다

しぬ[nu] → しに[ni]ませんでした
죽다　　　죽지 않았습니다

よぶ[bu] → よび[bi]ませんでした
부르다　　부르지 않았습니다

よむ[mu] → よみ[mi]ませんでした
읽다　　　읽지 않았습니다

はいる[ru] → はいり[ri]ませんでした
들어가다　　　들어가지 않았습니다

2그룹 동사	동사 맨 끝(어미)의 る를 없애고 ませんでした를 붙여요. 예 みる 보다 → みませんでした 보지 않았습니다 たべる 먹다 → たべませんでした 먹지 않았습니다
3그룹 동사	두 개뿐이에요. する 하다 → しませんでした 하지 않았습니다 くる 오다 → きませんでした 오지 않았습니다

단어　興味 흥미, 관심 ｜ ある 있다 ｜ 言う 말하다 ｜ 書く 쓰다 ｜ 泳ぐ 헤엄치다 ｜ 話す 이야기하다 ｜
待つ 기다리다 ｜ 死ぬ 죽다 ｜ 呼ぶ 부르다 ｜ 読む 읽다 ｜ 入る 들어가다, 들어오다 ｜ 見る 보다 ｜
食べる 먹다 ｜ する 하다 ｜ 来る 오다

아래 문장을 듣고 따라 말해 보세요.

와이파이 / 가 / 연결되 / 지 않았습니다

Wi-Fi / が / つながり / ませんでした

열쇠 / 가 / 발견되 / 지 않았습니다

かぎ / が / 見つかり / ませんでした

목소리 / 가 / 들리 / 지 않았습니다

声 / が / 聞こえ / ませんでした

눈물 / 이 / 나오 / 지 않았습니다

涙 / が / 出 / ませんでした

친구 / 가 / 오 / 지 않았습니다

友達 / が / き / ませんでした

単어　Wi-Fi 와이파이 ｜ つながる 연결되다 ｜ かぎ 열쇠 ｜ 見つかる 발견되다 ｜ 声 목소리 ｜
聞こえる 들리다 ｜ 涙 눈물 ｜ 出る 나오다, 나가다 ｜ 友達 친구 ｜ 来る 오다

228

🎧 27-2.mp3

관심 이 있 지 않았습니다(없었습니다).

→ <ruby>興味<rt>きょう み</rt></ruby> が あり ませんでした。

❶ メッセージ / <ruby>届く<rt>とど</rt></ruby>

메시지가 오지 않았습니다. (((💬

❷ <ruby>字<rt>じ</rt></ruby> / <ruby>見える<rt>み</rt></ruby>

글자가 보이지 않았습니다. (((💬

❸ <ruby>電車<rt>でんしゃ</rt></ruby> / <ruby>動く<rt>うご</rt></ruby>

전철이 움직이지 않았습니다. (((💬

❹ <ruby>仕事<rt>し ごと</rt></ruby> / <ruby>終わる<rt>お</rt></ruby>

일이 끝나지 않았습니다. (((💬

단어 メッセージ 메시지 | <ruby>届く<rt>とど</rt></ruby> 닿다, 도달하다 | <ruby>字<rt>じ</rt></ruby> 글자, 글씨 | <ruby>見える<rt>み</rt></ruby> 보이다 | <ruby>電車<rt>でんしゃ</rt></ruby> 전철 |
<ruby>動く<rt>うご</rt></ruby> 움직이다 | <ruby>仕事<rt>し ごと</rt></ruby> 일 | <ruby>終わる<rt>お</rt></ruby> 끝나다

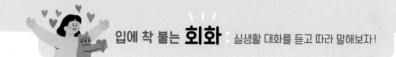

🎧 27-3.mp3

리에가 하나에게 이성 관계에 대해 물어봅니다.

리에 今まで 何人と つきあいましたか。

하나 3人です。
ここ 数年は だれも いないですが❶。

리에 一番 長かった つきあいは？

하나 3年です。そして 今は もう 2年 以上
だれも いません。

리에 何で つきあいませんでしたか。

하나 ただ 恋愛に 興味が ありませんでした❷。
今は 全然 そうでは ないですが。

단어 今 지금 | ～まで ～까지 | 何人 몇 명 | ～と ～와/과 | つきあう 사귀다, 함께하다 | ここ 요새, 요 |
数年 수년, 여러 해, 몇 해 | だれも 아무도 | いない 없다〈사람·동물〉 | 一番 가장 | 長い 길다 |
つきあい 사귐, 교제 | そして 그리고 | もう 이제, 이미 | 以上 이상 | 何で 왜, 어째서 |
ただ 그저, 단지 | 恋愛 연애 | 全然 전혀 | そうでは ない 그렇지 않다

Plus 요즘 일본의 이삼십 대 커플 사이에서는 결혼식을 생략하고 양가 가족에게 인사 후 入籍(입적)라 해서
호적만 옮기는 방식이 늘고 있는 추세예요.

리에   지금까지 몇 명이랑 사귀었어요?

하나   세 명이요.
        최근 몇 년 동안은 아무도 없지만요.

리에   가장 오래 사귄 건요?

하나   3년이요. 그리고 지금은 이미 2년 이상 아무도 없어요.

리에   왜 안 사귀었어요?

하나   그저 연애에 관심이 없었어요.
        지금은 전혀 그렇지 않지만요.

표현

❶ **いないですが 없습니다만**

문말에 が를 붙이면 '～합니다만, ～입니다만'이라는 뜻이 됩니다.

예   聞こえませんが。 들리지 않습니다만.
     見えますが。 보입니다만.

❷ **興味が ありませんでした 관심이 없었습니다**

우리는 더 알고 싶고 기대되는 것에 '관심이 있다'고 표현하지만 일본 사람들은 興味が ある(흥미가 있다)라고 표현해요. 일본어에서의 関心(관심)은 사회문제나 시사, 경제, 정치 등 다소 무거운 대상에 사용합니다.

예   サッカーに 興味が ある。 축구에 관심이 있다.〈기대됨〉
     政治に 関心が ある。 정치에 관심이 있다.〈주의해야 할 대상〉

231

1. 잘 듣고 보기에서 알맞은 어휘를 골라 문장을 완성해 보세요. 🎧 27-4.mp3

[보기]

でんしゃ	み	うご		こえ	じ	き	
電車	見え	動き	が	声	字	聞こえ	ませんでした

① 글자가 보이지 않았습니다. ➡ _____ 。

② 목소리가 들리지 않았습니다. ➡ _____ 。

③ 전철이 움직이지 않았습니다. ➡ _____ 。

2. 우리말에 맞게 문장을 써 보고 완성된 문장을 큰 소리로 읽어 보세요.

① メッセージ (메시지) / 届く (닿다, 도달하다)
とど

➡ _____ 。 메시지가 오지 않았습니다.

② Wi-Fi (와이파이) / つながる (연결되다)
わい ふぁい

➡ _____ 。 Wi-Fi가 연결되지 않았습니다.

③ 仕事 (일, 업무) / 終わる (끝나다)
し ごと　　　　　　お

➡ _____ 。 일이 끝나지 않았습니다.

파티에 안 올래?

パーティーに 来_こない?

오늘의 포인트 ✨

동사의 반말 부정

동사의 ない형 + ない ~하지 않다

이런 말을 할 수 있어요 💬

안 먹어. / 안 가.

 잠깐! 먼저 QR코드를 찍으세요!

책을 펼치고
동영상 강의를 보면서
학습을 시작합니다!

 × ×

동영상 강의 보기   mp3 파일 듣기

파티 / 에 / 오 / 지 않다

パーティー / に / 来(こ) / ない

오늘은 '~하지 않다, 안 ~하다'라는 뜻을 가진 동사의 반말 부정 표현 ~ない에 대해서 배워 봅시다. 동사의 종류에 따라 다음과 같은 방법으로 만들어 보세요.

$$来(く)る + ない = 来(こ)ない$$

오다 　　～지 않다 　　오지 않다

1그룹 동사	**동사의 맨 끝(어미)을 あ단으로 바꾸고 ない를 붙여요.**
	예 かく[ku] 쓰다 → かか[ka]ない 쓰지 않다
	およぐ[gu] 헤엄치다 → およが[ga]ない 헤엄치지 않다
	はなす[su] 이야기하다 → はなさ[sa]ない 이야기하지 않다
	まつ[tsu] 기다리다 → また[ta]ない 기다리지 않다
	しぬ[nu] 죽다 → しな[na]ない 죽지 않다
	よぶ[bu] 부르다 → よば[ba]ない 부르지 않다
	よむ[mu] 읽다 → よま[ma]ない 읽지 않다
	はいる[ru] 들어가다 → はいら[ra]ない 들어가지 않다

	주의! 맨 끝(어미)이 う인 동사는 う를 わ로 바꾸고 ない를 붙여요. 예 **いう**[u] 말하다 → **いわ**[wa]**ない** 말하지 않다
2그룹 동사	동사 맨 끝(어미)의 る를 없애고 ない를 붙여요. 예 **みる** 보다 → **みない** 보지 않다 　　**たべる** 먹다 → **たべない** 먹지 않다
3그룹 동사	두 개뿐이에요. **する** 하다 → **しない** 하지 않다 **くる** 오다 → **こない** 오지 않다

단어　パーティー 파티 ｜ ～に ～에 ｜ 来る 오다 ｜ 書く 쓰다 ｜ 泳ぐ 헤엄치다 ｜ 話す 이야기하다 ｜
　　　待つ 기다리다 ｜ 死ぬ 죽다 ｜ 呼ぶ 부르다 ｜ 読む 읽다 ｜ 入る 들어가다, 들어오다 ｜ 言う 말하다 ｜
　　　見る 보다 ｜ 食べる 먹다 ｜ する 하다 ｜ 来る 오다

돈 / 에 / 포들리 / 지 않다

お金 / に / 困ら / ない

절대 / 울 / 지 않다

絶対 / 泣か / ない

아직 / 자 / 지 않다

まだ / 寝 / ない

질문 / 에 / 대답하 / 지 않다

質問 / に / 答え / ない

(남)동생 / 과 / 다투 / 지 않다

弟 / と / けんかし / ない

단어
お金 돈 | 困る 곤란하다. 어려움을 겪다 | 絶対 절대 | 泣く 울다 | まだ 아직 | 寝る 자다 | 質問 질문 | 答える 대답하다 | 弟 남동생 | 〜と 〜와/과 | けんかする 다투다. 싸우다

Tip
〜ない(〜하지 않다) 문장의 말끝을 올려 말하면 '〜하지 않을래?, 〜 안 할래?'라는 반말체 제안 표현이 됩니다.

예 聞かない？ 듣지 않을래? / 遊ばない？ 놀지 않을래?

🎧 28-2.mp3

파티 에 오 지 않다.

パーティー に 来 ない。

① **デパート / 行く**

백화점에 가지 않다. ((((👄

② **会議 / 参加する**

회의에 참가하지 않다. ((((👄

③ **ジム / 通う**

헬스장에 다니지 않다. ((((👄

④ **家 / 帰る**

집에 돌아가지 않다. ((((👄

단어 **デパート** 백화점 ┃ **行く** 가다 ┃ **会議** 회의 ┃ **参加する** 참가하다 ┃ **ジム** 헬스장(gym에서 온 말) ┃

通う 다니다 ┃ **家** 집 ┃ **帰る** 돌아가다, 돌아오다

입에 착 붙는 **회화** : 실생활 대화를 듣고 따라 말해보자!

🎧 28-3.mp3

퇴근 후, 친구 민재에게 메시지가 옵니다.

민재 まだ　会社？

리에 ううん❶、仕事上がり。

민재 あのさ、今週末　俺の　家で　パーティー
するけど、来ない？

리에 行く行く❷！
一人は　寂しいから、友達と　一緒に　行くね。

민재 うん❶、いいよ。じゃ、場所と　時間　送るね。

리에 オッケー。

단어　まだ 아직 | 会社 회사 | ううん 아니 | 仕事 일 | 上がり 끝남 | あのさ 저기 말이지, 저기 말이야 |
今週末 이번 주말 | 俺 나〈격식을 차리지 않은 남성 전용 1인칭을 가리키는 말〉 | ～けど ～지만 |
一人 혼자 | 寂しい 외롭다, 쓸쓸하다 | ～から ～니까, ~때문에 | 友達 친구 | 一緒に 함께, 같이 |
うん 응 | いい 좋다 | じゃ 그럼 | 場所 장소 | 時間 시간 | 送る 보내다 | オッケー ok, 괜찮다

Plus　일본에서 홈파티라고 하면 타코야키 파티를 빼놓을 수 없는데요. 친구들끼리 삼삼오오 모여 장을 보고
타코야키 판을 달군 다음 원하는 재료를 넣어 즉석에서 구워 먹습니다. 또 타코야키 안에 와사비를 넣는
복불복 게임을 즐기기도 해요.

238

민재　아직 회사야?

리에　아니, 일 끝났어.

민재　저기 말이지, 이번 주말에 우리 집에서 파티할 건데, 안 올래?

리에　갈래 갈래!
　　　혼자는 외로우니까 친구랑 같이 갈게.

민재　그래, 좋아. 그럼 장소랑 시간 보낼게.

리에　오케이.

표현

❶ うん/ううん 응/아니
공손하게 '네'라고 대답할 때는 はい, '아니요'는 いいえ라고 하죠. 한편 반말로 '응'이라고 할 때는 うん, '아니'라고 할 때는 ううん이라고 합니다. 친구 등과 반말로 이야기할 때는 うん과 ううん을 쓰도록 하세요.

❷ 行く行く! 갈래 갈래!
우리는 보통 한 번 말하지만, 일본에서는 같은 표현을 연속으로 쓰기도 합니다. '갈래 갈래(行く行く)', '먹을래 먹을래(食べる食べる)', '좋네 좋아(いいねいいね)' 등 기분 좋을 때 연속으로 말하는 경향이 있어요.

1. 잘 듣고 보기에서 알맞은 어휘를 골라 문장을 완성해 보세요.　🎧 28-4.mp3

[보기]

ジム ｜ 行か^い ｜ 遊ば^{あそ} ｜ ない ｜ 一緒^{いっしょ} ｜ に ｜ デパート ｜ 通わ^{かよ}

① 함께 놀지 않을래? ➡ _____ ?

② 백화점에 가지 않을래? ➡ _____ ?

③ 헬스장에 다니지 않을래? ➡ _____ ?

2. 우리말에 맞게 문장을 써 보고 완성된 문장을 큰 소리로 읽어 보세요.

① 家^{いえ} (집) / 帰る^{かえ} (돌아가다)

➡ _____ 。 집에 돌아가지 않다.

② 会議^{かい ぎ} (회의) / 参加する^{さん か} (참가하다)

➡ _____ 。 회의에 참가하지 않다.

③ お金^{かね} (돈) / 困る^{こま} (곤란하다)

➡ _____ 。 돈에 쪼들리지 않다.

사진을 찍었어.

写真を 撮った。

しゃ しん　　と

오늘의 포인트✨

> **동사의 반말 과거**
>
> **동사의 て형 + た** ~했다

이런 말을 할 수 있어요 💬

> **꿈을 꿨어. / 운명을 만났어.**

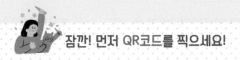

잠깐! 먼저 QR코드를 찍으세요!

사진 / 을 / 찍 / 었다

しゃしん　　　と
写真 / を / 撮っ / た

오늘은 동사의 반말 과거 표현을 배워 봅시다. 〈동사의 て형+た〉의 형태로 '~했다'라는 반말 과거 표현이 됩니다. 동사의 종류에 따라 다음과 같이 만들어 보세요.

と　　　　　　　と
撮る + た = 撮った
찍다　　~했다　　찍었다

1그룹 동사	동사의 맨 끝 글자(어미)가 う·つ·る인 동사는 う·つ·る를 없애고 った를 붙여요. 예 **いう** 말하다 ➡ **いった** 말했다 **まつ** 기다리다 ➡ **まった** 기다렸다 **はいる** 들어가다 ➡ **はいった** 들어갔다
	동사의 맨 끝 글자(어미)가 ぬ·ぶ·む인 동사는 ぬ·ぶ·む를 없애고 んだ를 붙여요. 예 **しぬ** 죽다 ➡ **しんだ** 죽었다 **よぶ** 부르다 ➡ **よんだ** 불렀다 **よむ** 읽다 ➡ **よんだ** 읽었다

	동사의 맨 끝 글자(어미)가 く·ぐ인 동사는 く·ぐ를 없애고 いた·いだ를 붙여요. 예) **かく** 쓰다 → **かいた** 썼다 　　**およぐ** 헤엄치다 → **およいだ** 헤엄쳤다
	예외) **いく** 가다 → **いった** 갔다
	동사의 맨 끝 글자(어미)가 す인 동사는 す를 없애고 した를 붙여요. 예) **はなす** 이야기하다 → **はなした** 이야기했다
2그룹 동사	동사의 맨 끝 글자(어미) る를 없애고 た를 붙여요. 예) **みる** 보다 → **みた** 보았다 　　**たべる** 먹다 → **たべた** 먹었다
3그룹 동사	두 개뿐이에요. **する** 하다 → **した** 했다 **くる** 오다 → **きた** 왔다

단어

写真 사진 | 撮る 찍다 | 言う 말하다 | 待つ 기다리다 | 入る 들어가다, 들어오다 | 死ぬ 죽다 |
呼ぶ 부르다 | 読む 읽다 | 書く 쓰다 | 泳ぐ 헤엄치다 | 行く 가다 | 話す 이야기하다 | 見る 보다 |
食べる 먹다 | する 하다 | 来る 오다

메일 / 을 / 보 / 냈다

メール / を / 送っ / た

편지 / 를 / 썼다

手紙 / を / 書い / た

샤워 / 를 / 했다

シャワー / を / 浴び / た

영어 / 를 / 가르 / 쳤다

英語 / を / 教え / た

용돈 / 을 / 저금 / 했다

お小遣い / を / 貯金し / た

단어 メール 메일 | 送る 보내다 | 手紙 편지 | 書く 쓰다 | シャワー 샤워 | 浴びる 뒤집어쓰다 |
英語 영어 | 教える 가르치다 | お小遣い 용돈 | 貯金する 저금하다

Tip 말끝을 내려 말하면 반말체 과거 표현이 되고, 말끝을 올려 말하면 반말체 과거 의문 표현이 됩니다.
예 メール 送っだ? 메일 보냈어?

🎧 29-2.mp3

사진 을 찍 었다.

写真 を 撮っ た。

① 単語 / 覚える　　　　　　단어를 외웠다. (((🗣

② 新聞 / 読む　　　　　　신문을 읽었다. (((🗣

③ 歯 / 磨く　　　　　　이를 닦았다. (((🗣

④ 夢 / 見る　　　　　　꿈을 꾸었다. (((🗣

단어　単語 단어 | 覚える 외우다 | 新聞 신문 | 読む 읽다 | 歯 이, 치아 | 磨く 닦다 | 夢 꿈 | 見る 보다 |
夢を見る 꿈을 꾸다

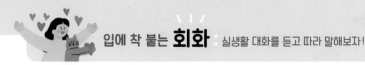
🎧 29-3.mp3

파티 다음 날, 민재와 리에는 SNS 연락을 주고받습니다.

민재
昨日、帰り　早かったね。

리에
うん。ごめん。でも　本当に　楽しかったよ。
みんな**❶**は　何時まで　遊んだ？

민재
11時まで　遊んだよ。

리에
はなさんも　最後まで　いたの**❷**？

민재
うん。いたよ。
最後は　みんなで**❶**　写真を　撮ったよ。ほら**❸**。

단어
昨日 어제 | 帰り 귀가, 돌아감 | 早い 이르다, 빠르다 | ごめん 미안해 | でも 하지만 | 本当に 정말로 |
楽しい 즐겁다 | みんな 모두 | 何時 몇 시 | ～まで ～까지 | 遊ぶ 놀다 | ～も ～도 | 最後 마지막 |
いる 있다〈사람·동물의 존재〉 | みんなで 다 같이

Plus
일본의 교통비는 매우 비쌉니다. 그래서 일본에서 지하철 막차를 놓쳤을 때는 택시를 타기도 하지만, 택시
비가 부담되는 사람들은 다른 방법을 택합니다. カラオケ(노래방)에서 새벽 시간 동안 저렴하게 제공되는
서비스를 이용해 시간을 때우거나 ネットカフェ(PC방)에서 시간을 보내기도 해요.

민재 어제 일찍 돌아갔네.

리에 응. 미안해. 그치만 정말 즐거웠어.
　　　다들 몇 시까지 놀았어?

민재 11시까지 놀았어.

리에 하나 씨도 끝까지 있었어?

민재 응. 있었어.
　　　마지막엔 다 같이 사진을 찍었어. 봐 봐.

표현

❶ **みんな 모두**
'모두'라는 뜻의 단어에는 두 가지가 있어요. 캐주얼한 회화에서 쓰이는 みんな와 더욱 공손한 말투인 みなさん이 있습니다. 그때그때 상황에 맞춰 쓰도록 해요. 또한 '모두 함께, 다 같이'는 みんなで라고 합니다.
　예 みんなで 作りました。 다 같이 만들었습니다.

❷ **最後まで いたの？ 끝까지 있었어?**
の 앞에 명사가 오면 '~의, ~의 것'이라는 뜻이지만, 앞에 동사ㆍい형용사ㆍな형용사가 오면 '~한 거야'라는 뜻이 됩니다. 말끝을 올리면 의문문이 되기도 합니다. 일상에서 자주 쓰는 표현이니 외워 두세요.

❸ **ほら 봐 봐, 거봐**
상대에게 무언가를 보여 주거나 주의를 끌거나 집중시킬 때 사용하는 표현입니다. '거봐. 내가 말했잖아, 이거 봐 봐'라고 말할 때 일상 회화에서 쓰여요.

1. 잘 듣고 보기에서 알맞은 어휘를 골라 문장을 완성해 보세요. 🎧 29-4.mp3

[보기]

> シャワー | メール | た | 浴び(あ) | 見(み) | 夢(ゆめ) | 送っ(おく) | を

① 샤워를 했다. ➡ _____。

② 메일을 보냈다. ➡ _____。

③ 꿈을 꾸었다. ➡ _____。

2. 우리말에 맞게 문장을 써 보고 완성된 문장을 큰 소리로 읽어 보세요.

① 写真(しゃしん)(사진) / 撮る(と)(찍다)

➡ _____。 사진을 찍었다.

② 歯(は)(이) / 磨く(みが)(닦다)

➡ _____。 이를 닦았다.

③ 単語(たんご)(단어) / 覚える(おぼ)(외우다)

➡ _____。 단어를 외웠다.

248

그와 만나서 이렇게 되었어요.

<ruby>彼<rt>かれ</rt></ruby>と <ruby>会<rt>あ</rt></ruby>って こうなりました。

오늘의 포인트 ✦

> ### 동사의 연결
>
> ## 동사의 て형 ＋ て　~하고, ~해서

이런 말을 할 수 있어요 💬

> 영화 보고 차를 마셔요. / 여행 가서 여자 친구를 만났어.

 잠깐! 먼저 QR코드를 찍으세요!

책을 펼치고
동영상 강의를 보면서
학습을 시작합니다!

 동영상 강의 보기　✕　 mp3 파일 듣기　✕

🎧 30-1.mp3

그 / 와 / 만나 / 서 / 이렇게 되 / 었습니다

彼_{かれ} / と / 会_あっ / て / こうなり / ました

오늘은 동사의 연결 표현에 대해 배워 봅시다. 동사의 연결 표현은 〈동사의 て형+て〉의 형태로 '~하고, ~해서'라는 뜻을 나타냅니다. 동사의 종류와 어미 형태에 따라 다음과 같이 바꾸는 연습을 해 보세요.

会_あう + て = 会_あって
만나다 　~하고, ~해서 　만나고, 만나서

1그룹 동사	동사의 맨 끝 글자(어미)가 う·つ·る인 동사는 う·つ·る를 없애고 って를 붙여요. 예 **いう** 말하다 ➡ **いって** 말하고, 말해서 　**まつ** 기다리다 ➡ **まって** 기다리고, 기다려서 　**はいる** 들어가다 ➡ **はいって** 들어가고, 들어가서
	동사의 맨 끝 글자(어미)가 ぬ·ぶ·む인 동사는 ぬ·ぶ·む를 없애고 んで를 붙여요. 예 **しぬ** 죽다 ➡ **しんで** 죽고, 죽어서 　**よぶ** 부르다 ➡ **よんで** 부르고, 불러서 　**よむ** 읽다 ➡ **よんで** 읽고, 읽어서

	동사의 맨 끝 글자(어미)가 く·ぐ인 동사는 く·ぐ를 없애고 いて·いで를 붙여요. 예) **かく** 쓰다 ➡ **かいて** 쓰고, 써서 　　**およぐ** 헤엄치다 ➡ **およいで** 헤엄치고, 헤엄쳐서
	예외) **いく** 가다 ➡ **いって** 가고, 가서
	동사의 맨 끝 글자(어미)가 す인 동사는 す를 없애고 して를 붙여요. 예) **はなす** 이야기하다 ➡ **はなして** 이야기하고, 이야기해서
2그룹 동사	동사의 맨 끝 글자(어미) る를 없애고 て를 붙여요. 예) **みる** 보다 ➡ **みて** 보고, 봐서 　　**たべる** 먹다 ➡ **たべて** 먹고, 먹어서
3그룹 동사	두 개뿐이에요. **する** 하다 ➡ **して** 하고, 해서 **くる** 오다 ➡ **きて** 오고, 와서

単어
彼 그 | 会う 만나다 | こうなる 이렇게 되다 | 言う 말하다 | 待つ 기다리다 | 入る 들어가다, 들어오다 |
死ぬ 죽다 | 呼ぶ 부르다 | 読む 읽다 | 書く 쓰다 | 泳ぐ 헤엄치다 | 行く 가다 | 話す 이야기하다 |
見る 보다 | 食べる 먹다 | する 하다 | 来る 오다

편지 / 를 / 써 / 서 / 친구 / 에게 / 보 / 냈습니다

手紙 / を / 書い / て / 親友 / に / 送り / ました

도서관 / 에 / 가 / 서 / 책 / 을 / 빌 / 렸습니다

図書館 / に / 行っ / て / 本 / を / 借り / ました

영화 / 를 / 보 / 고 / 쇼핑 / 을 / 했습니다

映画 / を / 見 / て / 買い物 / を / し / ました

이름 / 을 / 외워 / 서 / 인사 / 를 / 하 / 였습니다

名前 / を / 覚え / て / あいさつ / を / し / ました

그의 이야기 / 에 / 감동해 / 서 / 울 / 었습니다

彼の 話 / に / 感動し / て / 泣き / ました

단어

手紙 편지 | 書く 쓰다 | 親友 친한 친구 | 送る 보내다 | 図書館 도서관 | 行く 가다 | 本 책 |
借りる 빌리다 | 映画 영화 | 見る 보다 | 買い物 쇼핑 | 名前 이름 | 覚える 외우다, 기억하다 |
あいさつ 인사 | 彼 그 | ～の ～의 | 話 이야기 | 感動する 감동하다 | 泣く 울다

Tip

～ては '～하고'라는 뜻으로 동작의 순차적인 나열을 나타내지만, 그 외에도 '～해서'라는 뜻으로 원인이나
이유를 나타내기도 해요. 또 상황에 따라서는 '～해'라는 뜻으로 지시를 내릴 수도 있어요.

예 書いて。써 줘。 見て。봐 줘。

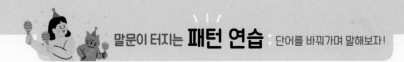
🎧 30-2.mp3

그와 만나 고/서 이렇게 되 었습니다.

<ruby>彼<rt>かれ</rt></ruby>と <ruby>会<rt>あ</rt></ruby>って こうなり ました。

❶ ケーキを <ruby>買<rt>か</rt></ruby>う / <ruby>お祝<rt>いわ</rt></ruby>いする　　케이크를 사서 축하했습니다. ((()

❷ カフェに <ruby>行<rt>い</rt></ruby>く / <ruby>勉強<rt>べんきょう</rt></ruby>する　　카페에 가서 공부했습니다. ((()

❸ <ruby>映画<rt>えいが</rt></ruby>を <ruby>見<rt>み</rt></ruby>る / <ruby>寝<rt>ね</rt></ruby>る　　　　　영화를 보고 잤습니다. ((()

❹ <ruby>洗濯<rt>せんたく</rt></ruby>を する / ほす　　　　세탁을 하고 말렸습니다. ((()

단어　**ケーキ** 케이크 ┃ <ruby>買<rt>か</rt></ruby>**う** 사다 ┃ <ruby>お祝<rt>いわ</rt></ruby>**いする** 축하하다 ┃ **カフェ** 카페 ┃ <ruby>行<rt>い</rt></ruby>**く** 가다 ┃ <ruby>勉強<rt>べんきょう</rt></ruby>**する** 공부하다 ┃
<ruby>映画<rt>えいが</rt></ruby> 영화 ┃ <ruby>見<rt>み</rt></ruby>**る** 보다 ┃ <ruby>寝<rt>ね</rt></ruby>**る** 자다 ┃ <ruby>洗濯<rt>せんたく</rt></ruby> 세탁, 빨래 ┃ **ほす** 말리다

253

입에 착 붙는 **회화** : 실생활 대화를 듣고 따라 말해보자!

🎧 30-3.mp3

리에가 퇴근 후, 하나와 SNS 메시지를 나눕니다.

리에
<ruby>週末<rt>しゅうまつ</rt></ruby>は <ruby>何<rt>なに</rt></ruby>を しましたか。

하나
<ruby>彼氏<rt>かれ し</rt></ruby>と デートしました。

리에
へえ、<ruby>彼氏<rt>かれ し</rt></ruby> できましたか❶。

하나
それが…ミンジェさんですよ。
この<ruby>前<rt>まえ</rt></ruby>の パーティーで <ruby>彼<rt>かれ</rt></ruby>と <ruby>会<rt>あ</rt></ruby>って❷
こうなりました。

리에
<ruby>知<rt>し</rt></ruby>らなかったです。
<ruby>本当<rt>ほんとう</rt></ruby>に おめでとうございます!

단어 <ruby>週末<rt>しゅうまつ</rt></ruby> 주말 | <ruby>何<rt>なに</rt></ruby> 무엇 | <ruby>彼氏<rt>かれ し</rt></ruby> 남자 친구 | **デートする** 데이트하다 | **できる** 생기다 | **それ** 그것 | この<ruby>前<rt>まえ</rt></ruby> 요전, 지난번 | **パーティー** 파티 | <ruby>知<rt>し</rt></ruby>る (정보, 지식을) 알다 | <ruby>本当<rt>ほんとう</rt></ruby>に 정말로 |

おめでとうございます 축하합니다

Plus 일본에는 JK<ruby>言葉<rt>ことば</rt></ruby>라는 것이 있습니다. 여고생(<ruby>女子高生<rt>じょ し こうせい</rt></ruby>)들이 자주 쓰는 말(<ruby>言葉<rt>ことば</rt></ruby>)을 가리키는데요. '남자 친구'를 <ruby>彼氏<rt>かれ し</rt></ruby>와 피플(people)를 합쳐서 <ruby>彼<rt>かれ</rt></ruby>피라고 하고, '썸남'은 <ruby>彼<rt>かれ</rt></ruby>ピッピ라고 부릅니다. 그렇다면 <ruby>好<rt>す</rt></ruby>きピ는 무슨 뜻일까요? 정답은 好きなピープル, 즉 '좋아하는 사람'이란 뜻이랍니다.

예 <ruby>今日<rt>きょう</rt></ruby>は <ruby>好<rt>す</rt></ruby>きピと デート♡ 오늘은 좋아하는 사람이랑 데이트♡

この くつ、<ruby>好<rt>す</rt></ruby>きピ! 이 구두, 너무 좋아! *사물에도 쓸 수 있어요.

리에　주말에는 뭘 했어요?

하나　남자 친구랑 데이트했어요.

리에　오~, 남자 친구 생겼어요?

하나　그게… 민재 씨예요.
　　　요전 파티에서 그와 만나서 이렇게 되었어요.

리에　몰랐어요.
　　　정말 축하해요!

표현

❶ 彼氏 できましたか 남자 친구 생겼어요?

できる에는 두 가지 뜻이 있습니다. 「子供が できる」(아이가 생기다)라고 하면 없던 것이 생겼음을 나타내는 말이 되고, 「日本語が できる」라고 하면 '일본어를 할 수 있다'는 가능을 나타내는 말이 돼요. 또한 できる가 가능을 의미할 때는 앞에는 오직 조사 が만이 '~을/를'의 뜻으로 올 수 있으니 꼭 기억하세요.

❷ 彼と 会って 그와 만나서

'~를 만나다'라고 할 때, 일본어로는 조사 に를 써서 「友達に 会う」(친구를 만나다)라고 표현합니다. 이 때는 한국어의 직역인 조사 を(을/를)를 쓸 수 없죠. 하지만 '~를 만나다'의 뜻이 아닌 '~와 (함께) 만나다'라고 할 때는 조사 と(와/과)를 씁니다.

예　友達に 会う。 친구를 만나다. (○) / 友達を 会う。 (×)
　　友達と 会う。 친구와 만나다. (○)

255

1. 잘 듣고 보기에서 알맞은 어휘를 골라 문장을 완성해 보세요.　🎧 30-4.mp3

> [보기]
>
> ケーキ｜本^{ほん}｜し｜映画^{えいが}｜て｜図書館^{としょかん}｜お祝^{いわ}い｜借^かり｜
> を｜買^かい物^{もの}｜見^み｜ました｜買^かっ｜に｜行^いっ

① 쇼핑을 하고 영화를 봤습니다.　➡ _____ 。

② 도서관에 가서 책을 빌렸습니다.　➡ _____ 。

③ 케이크를 사서 축하했습니다.　➡ _____ 。

2. 우리말에 맞게 문장을 써 보고 완성된 문장을 큰 소리로 읽어 보세요.

① 勉強^{べんきょう} (공부) / する (하다) / 寝^ねる (자다)

➡ _____ 。 공부를 하고 잤습니다.

② 手紙^{てがみ} (편지) / 書^かく (쓰다) / 出^でかける (외출하다)

➡ _____ 。 편지를 쓰고 외출했습니다.

③ 感動^{かんどう}する (감동하다) / 泣^なく (울다)

➡ _____ 。 감동해서 울었습니다.

PART 4 주요 한자

Unit 23 ~ Unit 30에서 배운 한자 중 꼭 눈에 익혀야 할 한자만 모았습니다. 이해하기 쉽게 한자마다 부수나 모양으로 재미있게 스토리를 붙였습니다. 가볍게 읽으면서 부담없이 한자를 익혀 봐요.

말씀 화

話

혀(舌)를 내둘러가며 열심히 말해요(言).

はな
話す 이야기하다

먹을 식

食

사람(人)은 잘(良) 살기 위해서 먹습니다.

た
食べる 먹다

마실 흡

吸

입(口)에 닿는(及) 공기를 모두 들이마셔요.

す
吸う (공기를) 들이마시다

잊을 망

忘

마음(心)이 죽어서(亡) 기억을 못해요.
다 잊었습니다.

わす
忘れる 잊다

목욕할 욕

浴

골짜기(谷)에서 물(氵)로 샤워를 합니다.

シャワーを 浴<ruby>あ</ruby>びる　샤워하다

실마리 서

緒

배꼽(へそ)에 실타래(糸)마냥 사람(者)이 얽혀 있어요. 아, 엄마와 아기를 잇는 탯줄이네요.

へその緒<ruby>お</ruby>　탯줄

씻을 세

洗

아침에 일어나면 물(氵)로 가장 먼저(先) 씻어요.

洗<ruby>あら</ruby>う　씻다

울 읍

泣

서(立) 있는데 어딘가에서 물(氵)이 떨어져요. 울고 있었네요.

泣<ruby>な</ruby>く　울다

특별부록

① 마무리 연습문제 정답

Unit 01

1. ① スマホです
   ② しゅみです
   ③ やすみです

2. ① うそです
   ② ともだちです
   ③ りょこうです

Unit 02

1. ① おかねもちじゃありません
   ② ばかじゃありません
   ③ きゅうりょうびじゃありません

2. ① こどもじゃありません
   ② かれしじゃありません
   ③ アイドルじゃありません

Unit 03

1. ① これはいくらですか
   ② ビールはいくらですか
   ③ ふくはいくらですか

2. ① これはさんまんえんです
   ② それはいちまんドルです
   ③ あれはせんウォンです

Unit 04

1. ① バレンタインデーはいつですか
   ② けっこんしきはいつですか
   ③ おしょうがつはいつですか

2. ① クリスマスはいつですか
   ② いちがつふつかはきんようびですか
   ③ きねんびはこんしゅうですか

Unit 05

1. ① かんこくでにじゅうきゅうさいです
   ② にほんでさんじゅうにさいです
   ③ アメリカでじゅうはっさいです

2. ① なんさいですか
   ② フランスでよんじゅうきゅうさいです
   ③ イギリスではさんじゅうごさいです

Unit 06

1. ① こどもがいます
   ② パンがあります
   ③ やくそくがあります

2. ① きょうだいがいます
   ② くるまがあります
   ③ よていがあります

Unit 07

1. ① こんばんはどうですか

   ② ごごいちじはどうですか

   ③ こんしゅうまつはどうですか

2. ① いまはどうですか

   ② さいきんはどうですか

   ③ ごごいちじはちょっと……

Unit 08

1. ① 月曜日から日曜日までりょこうです

   ② 午前から午後まで雨です

   ③ 来週までセールです

2. ① 朝から夜までしごとです

   ② 今日から明日まで休みです

   ③ 今月から来月までイベントです

Unit 09

1. ① 日本は雨でした

   ② かばんはにせものでした

   ③ コンサートは最高でした

2. ① お疲れ様でした

   ② 出会いは職場でした

   ③ 告白は失敗でした

Unit 10

1. ① 本物じゃありませんでした

   ② 一人じゃありませんでした

   ③ イケメンじゃありませんでした

2. ① うわさじゃありませんでした

   ② カフェじゃありませんでした

   ③ かぜじゃありませんでした

Unit 11

1. ① 冬は寒いです

   ② 今月は忙しいです

   ③ 映画は面白いです

2. ① 恋は難しいです

   ② オールはきついです

   ③ 日本語は楽しいです

Unit 12

1. ① 嬉しくありません

   ② 遠くありません

   ③ 寂しくありません

2. ① 広くありません

   ② 近くありません

   ③ おいしくありません

1. ① かばんは高かったです
② 彼はやさしかったです
③ 服は小さかったです

2. ① ビルは高かったです
② 食べ物はおいしかったです
③ 朝は涼しかったです

1. ① 大家さんはやさしくて面白いです
② 夜道は暗くて怖いです
③ 子供は小さくてかわいいです

2. ① コーヒーは薄くてまずいです
② スープは濃くておいしいです
③ 部屋は広くて安いです

1. ① ドラマは面白くありませんでした
② 天気は良くありませんでした
③ テストは難しくありませんでした

2. ① 本は厚くありませんでした
② ケータイは安くありませんでした
③ 量は少なくありませんでした

1. ① 勉強が好きです
② 説明が上手です
③ 英語が嫌いです

2. ① スポーツが好きです
② 歌が苦手です
③ 片付けが得意です

1. ① かわいい部屋ですね
② 新しい車ですね
③ 軽い財布ですね

2. ① 新しいワンピースですね
② 黄色い手帳ですね
③ 広い部屋ですね

1. ① それはきれいじゃありません
② 一人暮らしは大変じゃありません
③ 今日は暇じゃありません

2. ① 仕事は楽じゃありません
② ゾンビ映画は好きじゃありません
③ 性格は真面目じゃありません

1. ① ログインが必要でした

   ② ディズニーランドはにぎやかでした

   ③ 残業は当たり前でした

2. ① 店員さんは親切でした

   ② ログインは簡単でした

   ③ 貯金は無理でした

1. ① 勉強は上手じゃありませんでした

   ② 時間は無駄じゃありませんでした

   ③ その時は複雑じゃありませんでした

2. ① ハンサムじゃありませんでした

   ② 上手じゃありませんでした

   ③ 十分じゃありませんでした

1. ① 便利な場所です

   ② 大切な人です

   ③ 有名な会社です

2. ① 複雑な気持ちです

   ② 暇な毎日です

   ③ 変な道具です

1. ① 簡単で便利です

   ② 真面目で優しいです

   ③ 複雑で難しいです

2. ① 元気で明るかったです

   ② 幸せで楽しかったです

   ③ きれいでにぎやかでした

1. ① 本を買う

   ② ご飯を食べる

   ③ 買い物をする

2. ① ドラマを見る

   ② マンガを読む

   ③ 名前を書く

1. ① 電車に乗ります

   ② 車で帰ります

   ③ ご飯を食べます

2. ① 手を洗います

   ② 家を出ます

   ③ タクシーを呼びます

Unit 25

1. ① お弁当は要りません
   ② 夕食は食べません
   ③ テストは受けません

2. ① タバコを吸いません
   ② ユーチューブを見ません
   ③ お酒は飲みません

Unit 26

1. ① パスワードを忘れました
   ② 電話をかけました
   ③ シャワーを浴びました

2. ① 靴を買いました
   ② うそをつきました
   ③ 料理を作りました

Unit 27

1. ① 字が見えませんでした
   ② 声が聞こえませんでした
   ③ 電車が動きませんでした

2. ① メッセージが届きませんでした
   ② Wi-Fiがつながりませんでした
   ③ 仕事が終わりませんでした

Unit 28

1. ① 一緒に遊ばない
   ② デパートに行かない
   ③ ジムに通わない

2. ① 家に帰らない
   ② 会議に参加しない
   ③ お金に困らない

Unit 29

1. ① シャワーを浴びた
   ② メールを送った
   ③ 夢を見た

2. ① 写真を撮った
   ② 歯を磨いた
   ③ 単語を覚えた

Unit 30

1. ① 買い物をして映画を見ました
   ② 図書館に行って本を借りました
   ③ ケーキを買ってお祝いしました

2. ① 勉強をして寝ました
   ② 手紙を書いて出かけました
   ③ 感動して泣きました

1. 숫자 읽기

	0	1	2	3	4
0~9	ゼロ・れい	いち	に	さん	よん・よ・し
	5	6	7	8	9
	ご	ろく	なな・しち	はち	きゅう・く

	10	11	12	13	14
10~19	じゅう	じゅういち	じゅうに	じゅうさん	じゅうよん・じゅうし
	15	16	17	18	19
	じゅうご	じゅうろく	じゅうなな・じゅうしち	じゅうはち	じゅうきゅう・じゅうく

	10	20	30	40	50
십 じゅう **十**	じゅう	にじゅう	さんじゅう	よんじゅう	ごじゅう
	60	70	80	90	
	ろくじゅう	ななじゅう	はちじゅう	きゅうじゅう	

	100	200	300	400	500
백 ひゃく **百**	ひゃく	にひゃく	さんびゃく	よんひゃく	ごひゃく
	600	700	800	900	
	ろっぴゃく	ななひゃく	はっぴゃく	きゅうひゃく	

265

천	1000	2000	3000	4000	5000
せん 千	せん	にせん	さんぜん	よんせん	ごせん
	6000	7000	8000	9000	
	ろくせん	ななせん	はっせん	きゅうせん	
만	10000	20000	30000	40000	50000
まん 万	いちまん	にまん	さんまん	よんまん	ごまん
	60000	70000	80000	90000	100000
	ろくまん	ななまん	はちまん	きゅうまん	じゅうまん

2. 날짜 읽기

몇 년	몇 월	며칠	무슨 요일
なんねん	なんがつ	なんにち	なんようび

년	1년	2년	3년	4년	5년
ねん 年	いちねん	にねん	さんねん	よねん	ごねん
	6년	7년	8년	9년	10년
	ろくねん	ななねん・ しちねん	はちねん	きゅうねん	じゅうねん

	1월	2월	3월	4월	5월
월 がつ **月**	いちがつ	にがつ	さんがつ	しがつ	ごがつ
	6월	**7월**	**8월**	**9월**	**10월**
	ろくがつ	しちがつ	はちがつ	くがつ	じゅうがつ
	11월	**12월**			
	じゅう いちがつ	じゅう にがつ			

	1일	2일	3일	4일	5일
일 にち **日**	ついたち	ふつか	みっか	よっか	いつか
	6일	**7일**	**8일**	**9일**	**10일**
	むいか	なのか	ようか	ここのか	とおか
	11일	**12일**	**13일**	**14일**	**15일**
	じゅう いちにち	じゅう ににち	じゅう さんにち	じゅう よっか	じゅう ごにち
	16일	**17일**	**18일**	**19일**	**20일**
	じゅう ろくにち	じゅう しちにち	じゅう はちにち	じゅう くにち	はつか
	21일	**22일**	**23일**	**24일**	**25일**
	にじゅう いちにち	にじゅう ににち	にじゅう さんにち	にじゅう よっか	にじゅう ごにち
	26일	**27일**	**28일**	**29일**	**30일**
	にじゅう ろくにち	にじゅう しちにち	にじゅう はちにち	にじゅう くにち	さんじゅう にち

요일 曜日	월요일	화요일	수요일	목요일
	げつようび	かようび	すいようび	もくようび
	금요일	토요일	일요일	
	きんようび	どようび	にちようび	

Plus 날짜 관련 표현

아침	오전	낮	오후	밤
あさ	ごぜん	ひる	ごご	よる

재작년	작년	올해	내년	내후년
おととし	きょねん	ことし	らいねん	さらいねん

지난달	이번 달	다음 달
せんげつ	こんげつ	らいげつ

지난주	이번 주	다음 주
せんしゅう	こんしゅう	らいしゅう

그저께	어제	오늘	내일	모레
おととい	きのう	きょう	あした	あさって

3. 나이 읽기

몇 살입니까? なんさいですか

'몇 살입니까?'는 보통 なんさいですか라고 합니다. 다만 이는 정중한 표현보다는 캐주얼한 표현에 가깝기 때문에 손윗사람에게는 사용하지 않는 게 좋습니다. 손윗사람에게는 おいくつ ですか라는 말로 정중히 격식을 차려 물어보세요. 또한 '10살'은 じゅっさい와 じっさい로 표기되지만, 발음 편의상 보통 じゅっさい를 사용합니다.

	1살	2살	3살	4살	5살
살 さい **歳**	いっさい	にさい	さんさい	よんさい	ごさい
	6살	**7살**	**8살**	**9살**	**10살**
	ろくさい	ななさい	はっさい	きゅうさい	じゅっさい・ じっさい
	20살	**30살**	**40살**	**50살**	**60살**
	はたち	さんじゅっ さい	よんじゅっ さい	ごじゅっ さい	ろくじゅっ さい

4. 사람 세기

몇 명이에요? なんにんですか

일본에서는 사람을 셀 때 읽는 방법이 두 가지 있습니다. 〜にん(人)과 〜めい(名)인데요. 보통 평상시 '몇 명이에요?'라고 물을 때는 캐주얼한 느낌의 にん을 써서 なんにんですか 라고 묻습니다. 반면 めい는 다소 딱딱한 느낌이며, 음식점이나 노래방 등에 갔을 때 점원이 손님에게 '몇 분이세요?'라고 물을 때 なんめいさまですか라는 말을 씁니다.

〜명	〜人(캐주얼)	〜名(격식 차림)
1	ひとり	いちめい
2	ふたり	にめい
3	さんにん	さんめい
4	よにん	よんめい
5	ごにん	ごめい
6	ろくにん	ろくめい
7	ななにん・しちにん	ななめい
8	はちにん	はちめい
9	きゅうにん	きゅうめい
10	じゅうにん	じゅうめい

5. 동물 세기

몇 마리입니까? なんびきですか

개나 고양이와 같이 사람이 안을 수 있는 정도의 작은 동물은 ～ひき(匹)를 써서 '～마리'를 나타 내요. 호랑이, 사자, 소처럼 큰 동물의 경우는 ～とう(頭)를 이용하며, 아기 사자와 아기 호랑이 와 같이 원래는 큰 동물이지만 아직 덜 성장한 동물을 가리킬 때는 ～ひき로 나타냅니다.

～마리	～匹(작은 동물)	～頭(큰 동물)
1	いっぴき	いっとう
2	にひき	にとう
3	さんびき	さんとう
4	よんひき	よんとう
5	ごひき	ごとう
6	ろっぴき	ろくとう
7	ななひき	ななとう
8	はっぴき	はっとう
9	きゅうひき	きゅうとう
10	じゅっぴき・じっぴき	じゅっとう・じっとう

6. 가족 호칭

일본에서는 자신의 가족을 부를 때와 상대방의 가족을 부를 때의 호칭이 다르니 주의해야 합니다.

	자신의 가족	상대방의 가족
할아버지	そふ 祖父	じい お祖父さん
할머니	そぼ 祖母	ばあ お祖母さん
아버지	ちち 父	とう お父さん
어머니	はは 母	かあ お母さん
형/오빠	あに 兄	にい お兄さん
누나/언니	あね 姉	ねえ お姉さん
남동생	おとうと 弟	おとうと 弟さん
여동생	いもうと 妹	いもうと 妹さん

7. 물건 세기

몇 개입니까? いくつありますか

일본에서는 물건 개수를 물을 때 우리말 '몇 개입니까?'가 아닌 '몇 개 있습니까?'로 표현합니다. 일본어로 いくつありますか 혹은 なんこありますか로 말해요. 또한 개수를 표현할 때는 두 가지 방법이 있는데 ひとつ, ふたつ…로 표현하는 방식은 캐주얼한 인상을 주며, いっこ, にこ…는 좀 더 격식을 차린 느낌이에요.

~개	~つ(하나, 둘, 셋)	~個(1개, 2개, 3개)
1	ひとつ	いっこ
2	ふたつ	にこ
3	みっつ	さんこ
4	よっつ	よんこ
5	いつつ	ごこ
6	むっつ	ろっこ
7	ななつ	ななこ
8	やっつ	はっこ
9	ここのつ	きゅうこ
10	とお	じゅっこ

* 물건을 셀 때 숫자 10 초과부터는 ~個로만 셉니다.

273

8. 시간 읽기

일본에서는 시간을 말할 때 시간 앞에 '오전' 혹은 '오후'라는 말을 세트로 잘 씁니다. 예를 들면 '아침 11시'인지 '밤 11시'인지 헷갈리지 않도록 시간 앞에 '오전'이란 말을 붙여 ごぜん 11じ(오전 11시)라고 나타내요. 또한 오후부터는 '오후 1시'를 말할 때 ごご 1じ(오후 1시) 혹은 じゅうさんじ(13시)라고 합니다. '새벽 12시'는 れいじ(0시) 혹은 よる 12じ(밤 12시)라고 해요.

시 じ 時	1시	2시	3시	4시	5시
	いちじ	にじ	さんじ	よじ	ごじ
	6시	7시	8시	9시	10시
	ろくじ	しちじ	はちじ	くじ	じゅうじ
	11시	12시			
	じゅういちじ	じゅうにじ			

274

몇 분입니까? なんぷんですか

'분'을 읽는 방법은 앞에 오는 숫자에 따라 ふん이 될지 ぷん이 될지 결정됩니다. 각 숫자마다 발음이 다르니 주의해서 암기하세요. 또한 '30분'을 '반(はん)'이라고 표현할 수 있어요. 따라서 '오후 11시 반'은 ごご じゅういちじ はん이라고 하면 됩니다.

	1분	2분	3분	4분	5분
	いっぷん	にふん	さんぷん	よんぷん	ごふん
	6분	**7분**	**8분**	**9분**	**10분**
	ろっぷん	ななふん	はっぷん・はちふん	きゅうふん	じゅっぷん・じっぷん
분 ふん **分**	**11분**	**12분**	**13분**	**14분**	**15분**
	じゅういっぷん	じゅうにふん	じゅうさんぷん	じゅうよんぷん	じゅうごふん
	20분	**30분**	**40분**	**50분**	
	にじゅっぷん	さんじゅっぷん	よんじゅっぷん	ごじゅっぷん	

❸ 각 품사 활용형 정리표

명사

긍정	명사 + です	~입니다	コーヒーです 커피입니다
부정	명사 + じゃ ありません	~이/가 아닙니다	コーヒーじゃありません 커피가 아닙니다
과거	명사 + でした	~였습니다	コーヒーでした 커피였습니다
과거 부정	명사 + じゃ ありませんでした	~이/가 아니었습니다	コーヒーじゃ ありませんでした 커피가 아니었습니다

い형용사

긍정	い형용사 기본형 + です	~합니다 / ~습니다	楽しいです 즐겁습니다
부정	い형용사 어간 + く ありません	~지 않습니다	楽しくありません 즐겁지 않습니다
과거	い형용사 어간 + かったです	~했습니다	楽しかったです 즐거웠습니다
과거 부정	い형용사 어간 + く ありませんでした	~지 않았습니다	楽しくありませんでした 즐겁지 않았습니다
명사 수식	い형용사 기본형 + 명사	~한 ~	楽しい生活 즐거운 생활
연결	い형용사 어간 + くて	~하고, ~해서	楽しくて 즐겁고, 즐거워서

な형용사

긍정	な형용사 어간 + です	~합니다	好きです 좋아합니다
부정	な형용사 어간 + じゃ ありません	~지 않습니다	好きじゃありません 좋아하지 않습니다
과거	な형용사 어간 + でした	~했습니다	好きでした 좋아했습니다
과거 부정	な형용사 어간 + じゃ ありませんでした	~지 않았습니다	好きじゃありませんでした 좋아하지 않았습니다
명사 수식	な형용사 어간 + な + 명사	~한 ~	好きな人 좋아하는 사람
연결	な형용사 어간 + で	~하고, ~해서	好きで 좋아하고, 좋아해서

동사

	기본형	공손한 긍정	공손한 부정	공손한 과거
		〜ます 〜합니다	〜ません 〜하지 않습니다	〜ました 〜했습니다
1그룹 동사	<ruby>言<rt>い</rt></ruby>う 말하다	言います	言いません	言いました
	<ruby>書<rt>か</rt></ruby>く 쓰다	書きます	書きません	書きました
	<ruby>泳<rt>およ</rt></ruby>ぐ 헤엄치다	泳ぎます	泳ぎません	泳ぎました
	<ruby>話<rt>はな</rt></ruby>す 이야기하다	話します	話しません	話しました
	<ruby>待<rt>ま</rt></ruby>つ 기다리다	待ちます	待ちません	待ちました
	<ruby>死<rt>し</rt></ruby>ぬ 죽다	死にます	死にません	死にました
	<ruby>呼<rt>よ</rt></ruby>ぶ 부르다	呼びます	呼びません	呼びました
	<ruby>読<rt>よ</rt></ruby>む 읽다	読みます	読みません	読みました
	<ruby>分<rt>わ</rt></ruby>かる 알다	分かります	分かりません	分かりました
	<ruby>入<rt>はい</rt></ruby>る 들어가다[오다]	入ります	入りません	入りました
2그룹 동사	<ruby>見<rt>み</rt></ruby>る 보다	見ます	見ません	見ました
	<ruby>食<rt>た</rt></ruby>べる 먹다	食べます	食べません	食べました
3그룹 동사	する 하다	します	しません	しました
	くる 오다	きます	きません	きました

공손한 과거 부정	반말 부정	반말 과거	연결
～ませんでした ～하지 않았습니다	～ない ～하지 않다	～た ～했다	～て ～하고, ～해서
言いませんでした	言わない	言った	言って
書きませんでした	書かない	書いた	書いて
泳ぎませんでした	泳がない	泳いだ	泳いで
話しませんでした	話さない	話した	話して
待ちませんでした	待たない	待った	待って
死にませんでした	死なない	死んだ	死んで
呼びませんでした	呼ばない	呼んだ	呼んで
読みませんでした	読まない	読んだ	読んで
分かりませんでした	分からない	分かった	分かって
入りませんでした	入らない	入った	入って
見ませんでした	見ない	見た	見て
食べませんでした	食べない	食べた	食べて
しませんでした	しない	した	して
きませんでした	こない	きた	きて

일본어 문법
무작정 따라하기

ひとつひとつ
わかりやすく

하나하나 읽기 쉽게
말하는 문법·시험 대비도
이 책 한 권으로 OK

일본어
문법
무작정 따라하기

부록
• 휴대용 소책자
  PDF

특별 서비스
• 음성강의 무료 제공
• mp3 파일 무료 제공

후지이 아사리 지음 | 668쪽 | 26,000원

12만 독자가 선택한 일본어 문법 분야 베스트셀러!

말하는 문법도 시험 대비도 이 책 한 권으로 OK!
문법도 소리로 듣고 입으로 따라 하면 저절로 머릿속에 정리됩니다.

난이도	첫걸음 **초급** 중급	고급	기간	60일
대상	기초를 끝내고 문법을 체계적으로 공부하려는 학습자, 시험을 보기 전에 문법을 정리해야 하는 학습자	목표	일상회화와 일본어 시험에 대비해 기초 문법과 2,000개 필수 단어 끝내기

유하다요의
10시간
일본어
첫걸음

쓰기노트

전유하(유하다요) 지음

〈히라가나 · 카타카나 쓰기〉와 〈Unit 01~30 단어 · 문장 쓰기〉로 구성되어 있습니다.
가볍게 쓰면서 배운 내용을 정리해보세요.

내 눈높이에 딱! 가장 쉽고 빠르게 기초 일본어를 끝낸다!

유하다요의
10시간
일본어
첫걸음

쓰기노트

전유하 지음

길벗
이지:톡

01

히라가나
·
카타카나
쓰기

1. 히라가나·청음

あ행

あ [a 아]	あ	あ	あ		
い [i 이]	い	い	い		
う [u 우]	う	う	う		
え [e 에]	え	え	え		
お [o 오]	お	お	お		

か
[ka 카]

か	か	か		

き
[ki 키]

き	き	き		

く
[ku 쿠]

く	く	く		

け
[ke 케]

け	け	け		

こ
[ko 코]

こ	こ	こ		

さ행

さ [sa 사]	さ	さ	さ	
し [shi 시]	し	し	し	
す [su 스]	す	す	す	
せ [se 세]	せ	せ	せ	
そ [so 소]	そ	そ	そ	

た
[ta 타]

た　た　た

ち
[chi 치]

ち　ち　ち

つ
[tsu 츠]

つ　つ　つ

て
[te 테]

て　て　て

と
[to 토]

と　と　と

な행

な [na 나]
な な な

に [ni 니]
に に に

ぬ [nu 누]
ぬ ぬ ぬ

ね [ne 네]
ね ね ね

の [no 노]
の の の

は행

は
[ha 하]

は	は	は		

ひ
[hi 히]

ひ	ひ	ひ		

ふ
[fu 후]

ふ	ふ	ふ		

へ
[he 헤]

へ	へ	へ		

ほ
[ho 호]

ほ	ほ	ほ		

9

ま
[ma 마]

ま	ま	ま	

み
[mi 미]

み	み	み	

む
[mu 무]

む	む	む	

め
[me 메]

め	め	め	

も
[mo 모]

も	も	も	

や행

や [ya 야]

や	や	や		

ゆ [yu 유]

ゆ	ゆ	ゆ		

よ [yo 요]

よ	よ	よ		

⚠️ 헷갈리기 쉬운 모양이 비슷한 글자

あ [a 아]		
お [o 오]		
き [ki 키]		
さ [sa 사]		

は [ha 하]		
ほ [ho 호]		
ぬ [nu 누]		
め [me 메]		

ら행

ら [ra 라]

ら　　ら　　ら

り [ri 리]

り　　り　　り

る [ru 루]

る　　る　　る

れ [re 레]

れ　　れ　　れ

ろ [ro 로]

ろ　　ろ　　ろ

わ행

わ [wa 와]

わ　わ　わ

を [wo 오]

を　を　を

ん [n 응]

ん　ん　ん

⚠ 헷갈리기 쉬운 모양이 비슷한 글자

い [i 이]		
り [ri 리]		
ち [chi 치]		
ら [ra 라]		

け [ke 케]		
は [ha 하]		
す [su 스]		
む [mu 무]		

2. 히라가나 · 탁음

が행

が
[ga 가]

が	が	が		

ぎ
[gi 기]

ぎ	ぎ	ぎ		

ぐ
[gu 구]

ぐ	ぐ	ぐ		

げ
[ge 게]

げ	げ	げ		

ご
[go 고]

ご	ご	ご		

ざ
[za 자]

ざ　ざ　ざ

じ
[ji 지]

じ　じ　じ

ず
[zu 즈]

ず　ず　ず

ぜ
[ze 제]

ぜ　ぜ　ぜ

ぞ
[zo 조]

ぞ　ぞ　ぞ

だ행

だ
[da 다]

だ	だ	だ		

ぢ
[ji 지]

ぢ	ぢ	ぢ		

づ
[zu 즈]

づ	づ	づ		

で
[de 데]

で	で	で		

ど
[do 도]

ど	ど	ど		

ば		ば	ば	ば		
ば
[ba 바]

| び | び | び | | |
び
[bi 비]

| ぶ | ぶ | ぶ | | |
ぶ
[bu 부]

| べ | べ | べ | | |
べ
[be 베]

| ぼ | ぼ | ぼ | | |
ぼ
[bo 보]

3. 히라가나·반탁음

ぱ행

ぱ [pa 파]	ぱ	ぱ	ぱ		
ぴ [pi 피]	ぴ	ぴ	ぴ		
ぷ [pu 푸]	ぷ	ぷ	ぷ		
ぺ [pe 페]	ぺ	ぺ	ぺ		
ぽ [po 포]	ぽ	ぽ	ぽ		

4. 히라가나 · 요음

きゃ [kya 캬]	きゃ		ぎゃ [gya 갸]	ぎゃ	
きゅ [kyu 큐]	きゅ		ぎゅ [gyu 규]	ぎゅ	
きょ [kyo 쿄]	きょ		ぎょ [gyo 교]	ぎょ	

しゃ [sha 샤]	しゃ		じゃ [ja 쟈]	じゃ	
しゅ [shu 슈]	しゅ		じゅ [ju 쥬]	じゅ	
しょ [sho 쇼]	しょ		じょ [jo 죠]	じょ	

ちゃ [cha 챠]	ちゃ		**にゃ** [nya 냐]	にゃ
ちゅ [chu 츄]	ちゅ		**にゅ** [nyu 뉴]	にゅ
ちょ [cho 쵸]	ちょ		**にょ** [nyo 뇨]	にょ
ひゃ [hya 햐]	ひゃ		**びゃ** [bya 뱌]	びゃ
ひゅ [hyu 휴]	ひゅ		**びゅ** [byu 뷰]	びゅ
ひょ [hyo 효]	ひょ		**びょ** [byo 뵤]	びょ

ぴゃ
[pya 퍄]

ぴゃ

ぴゅ
[pyu 퓨]

ぴゅ

ぴょ
[pyo 표]

ぴょ

みゃ
[mya 먀]

みゃ

みゅ
[myu 뮤]

みゅ

みょ
[myo 묘]

みょ

りゃ
[rya 랴]

りゃ

りゅ
[ryu 류]

りゅ

りょ
[ryo 료]

りょ

5. 카타카나·청음

ア행

ア [a 아]	ア	ア	ア		
イ [i 이]	イ	イ	イ		
ウ [u 우]	ウ	ウ	ウ		
エ [e 에]	エ	エ	エ		
オ [o 오]	オ	オ	オ		

カ
[ka 카]

カ	カ	カ		

キ
[ki 키]

キ	キ	キ		

[ku 쿠]

ク	ク	ク		

ケ
[ke 케]

ケ	ケ	ケ		

[ko 코]

コ	コ	コ		

サ행

サ [sa 사]

サ	サ	サ		

シ [shi 시]

シ	シ	シ		

ス [su 스]

ス	ス	ス		

セ [se 세]

セ	セ	セ		

ソ [so 소]

ソ	ソ	ソ		

夕행

夕 [ta 타]	夕	夕	夕		
チ [chi 치]	チ	チ	チ		
ツ [tsu 츠]	ツ	ツ	ツ		
テ [te 테]	テ	テ	テ		
ト [to 토]	ト	ト	ト		

ナ행

ナ [na 나]	ナ	ナ	ナ		
ニ [ni 니]	二	二	二		
ヌ [nu 누]	ヌ	ヌ	ヌ		
ネ [ne 네]	ネ	ネ	ネ		
ノ [no 노]	ノ	ノ	ノ		

26

ハ행

ハ
[ha 하]

ハ	ハ	ハ		

ヒ
[hi 히]

ヒ	ヒ	ヒ		

フ
[fu 후]

フ	フ	フ		

ヘ
[he 헤]

ヘ	ヘ	ヘ		

ホ
[ho 호]

ホ	ホ	ホ		

27

マ행

マ [ma 마]	マ	マ	マ	
ミ [mi 미]	ミ	ミ	ミ	
ム [mu 무]	ム	ム	ム	
メ [me 메]	メ	メ	メ	
モ [mo 모]	モ	モ	モ	

ヤ행

ヤ [ya 야]	ヤ	ヤ	ヤ		
ユ [yu 유]	ユ	ユ	ユ		
ヨ [yo 요]	ヨ	ヨ	ヨ		

⚠ 헷갈리기 쉬운 모양이 비슷한 글자

ア [a 아]				テ [te 테]		
マ [ma 마]				ラ [ra 라]		
ス [su 스]				シ [shi 시]		
ヌ [nu 누]				ツ [tsu 츠]		

ラ행

ラ [ra 라]

ラ	ラ	ラ		

リ [ri 리]

リ	リ	リ		

ル [ru 루]

ル	ル	ル		

レ [re 레]

レ	レ	レ		

ロ [ro 로]

ロ	ロ	ロ		

ワ행

ワ [wa 와]	ワ	ワ	ワ		
ヲ [wo 오]	ヲ	ヲ	ヲ		
ン [n 응]	ン	ン	ン		

⚠️ 헷갈리기 쉬운 모양이 비슷한 글자

エ [e 에]			
コ [ko 코]			
コ [ko 코]			
ユ [yu 유]			

ク [ku 쿠]			
ワ [wa 와]			
ソ [so 소]			
ン [n 응]			

6. 카타카나·탁음

ガ행

ガ
[ga 가]

ガ	ガ	ガ		

ギ
[gi 기]

ギ	ギ	ギ		

グ
[gu 구]

グ	グ	グ		

ゲ
[ge 게]

ゲ	ゲ	ゲ		

ゴ
[go 고]

ゴ	ゴ	ゴ		

ザ행

ザ
[za 자]

ザ　ザ　ザ

ジ
[ji 지]

ジ　ジ　ジ

ズ
[zu 즈]

ズ　ズ　ズ

ゼ
[ze 제]

ゼ　ゼ　ゼ

ゾ
[zo 조]

ゾ　ゾ　ゾ

ダ [da 다]	ダ	ダ	ダ	
ヂ [ji 지]	ヂ	ヂ	ヂ	
ヅ [zu 즈]	ヅ	ヅ	ヅ	
デ [de 데]	デ	デ	デ	
ド [do 도]	ド	ド	ド	

バ [ba 바]	バ	バ	バ		
ビ [bi 비]	ビ	ビ	ビ		
ブ [bu 부]	ブ	ブ	ブ		
ベ [be 베]	ベ	ベ	ベ		
ボ [bo 보]	ボ	ボ	ボ		

7. 카타카나·반탁음

パ행

パ [pa 파]	パ	パ	パ		
ピ [pi 피]	ピ	ピ	ピ		
プ [pu 푸]	プ	プ	プ		
ペ [pe 페]	ペ	ペ	ペ		
ポ [po 포]	ポ	ポ	ポ		

8. 카타카나·요음

キャ
[kya 캬]
キャ

ギャ
[gya 갸]
ギャ

キュ
[kyu 큐]
キュ

ギュ
[gyu 규]
ギュ

キョ
[kyo 쿄]
キョ

ギョ
[gyo 교]
ギョ

シャ
[sha 샤]
シャ

ジャ
[ja 쟈]
ジャ

シュ
[shu 슈]
シュ

ジュ
[ju 쥬]
ジュ

ショ
[sho 쇼]
ショ

ジョ
[jo 죠]
ジョ

| チャ | チャ | | ニャ | ニャ | |
| [cha 챠] | | | [nya 냐] | | |

| チュ | チュ | | ニュ | ニュ | |
| [chu 츄] | | | [nyu 뉴] | | |

| チョ | チョ | | ニョ | ニョ | |
| [cho 쵸] | | | [nyo 뇨] | | |

| ヒャ | ヒャ | | ビャ | ビャ | |
| [hya 햐] | | | [bya 뱌] | | |

| ヒュ | ヒュ | | ビュ | ビュ | |
| [hyu 휴] | | | [byu 뷰] | | |

| ヒョ | ヒョ | | ビョ | ビョ | |
| [hyo 효] | | | [byo 뵤] | | |

38

| ピャ [pya 퍄] | ピャ | | ミャ [mya 먀] | ミャ | |
| リャ [rya 랴] | リャ | | | | |

ピャ
[pya 퍄]
ピャ

ミャ
[mya 먀]
ミャ

ピュ
[pyu 퓨]
ピュ

ミュ
[myu 뮤]
ミュ

ピョ
[pyo 표]
ピョ

ミョ
[myo 묘]
ミョ

リャ
[rya 랴]
リャ

リュ
[ryu 류]
リュ

リョ
[ryo 료]
リョ

Unit 01~30
단어·문장 쓰기

커피예요.

コーヒーです。

1. 단어 써보기

コーヒー 커피	コーヒー	
ともだち 친구	ともだち	
りょこう 여행	りょこう	
しゅみ 취미	しゅみ	
うそ 거짓말	うそ	

2. 문장 써보기

1

ともだちです。

친구입니다.

➡ ともだちです ○

➡ _____ ○

➡ _____ ○

2

りょこうです。

여행입니다.

➡ りょこうです ○

➡ _____ ○

➡ _____ ○

3

しゅみです。

취미입니다.

➡️ しゅみです 。

➡️ _____ 。

➡️ _____ 。

4

うそです。

거짓말입니다.

➡️ うそです 。

➡️ _____ 。

➡️ _____ 。

남자 친구가 아니에요.

かれしじゃ ありません。

1. 단어 써보기

かれし 남자 친구	かれし
おかねもち 부자	おかねもち
てんさい 천재	てんさい
ばか 바보	ばか
こども 아이	こども

2. 문장 써보기

1

おかねもちじゃ ありません。

부자가 아닙니다.

➡️ おかねもちじゃ ありません 。

➡️ _____ 。

➡️ _____ 。

2

てんさいじゃ ありません。

천재가 아닙니다.

➡️ てんさいじゃ ありません 。

➡️ _____ 。

➡️ _____ 。

3

ばかじゃ ありません。

바보가 아닙니다.

➡ ばかじゃ ありません 。

➡ _____ 。

➡ _____ 。

4

こどもじゃ ありません。

아이가 아닙니다.

➡ こどもじゃ ありません 。

➡ _____ 。

➡ _____ 。

텀블러는 얼마예요?

タンブラーは いくらですか。

1. 단어 써보기

タンブラー 텀블러	タンブラー
ふく 옷	ふく
ビール 맥주	ビール
ぼうし 모자	ぼうし
めがね 안경	めがね

2. 문장 써보기

1

ふくは いくらですか。

옷은 얼마입니까?

➡ ふくは いくらですか 。

➡ 。

➡ 。

2

ビールは いくらですか。

맥주는 얼마입니까?

➡ ビールは いくらですか 。

➡ 。

➡ 。

3

よんまんウォンです。

4만 원입니다.

→ よんまんウォンです 。

→ _____ 。

→ _____ 。

4

ごまんウォンです。

5만 원입니다.

→ ごまんウォンです 。

→ _____ 。

→ _____ 。

기념일은 언제예요?

きねんびは いつですか。

1. 단어 써보기

きねんび 기념일	きねんび
クリスマス 크리스마스	クリスマス
おしょうがつ 설날	おしょうがつ
ついたち 1일	ついたち
はつか 20일	はつか

2. 문장 써보기

1

ゴールデンウィークは いつですか。

황금연휴는 언제입니까?

➡ ゴールデンウィークは いつですか 。

➡ _____ 。

➡ _____ 。

2

バレンタインデーは いつですか。

밸런타인데이는 언제입니까?

➡ バレンタインデーは いつですか 。

➡ _____ 。

➡ _____ 。

3

しがつ ついたちです。

4월 1일입니다.

➡ しがつ ついたちです　　　　　　　　　　。

➡ 　　　　　　　　　　　　　　　　　　　　。

➡ 　　　　　　　　　　　　　　　　　　　　。

4

しちがつ にじゅうよっかです。

7월 24일입니다.

➡ しちがつ にじゅうよっかです　　　　　　。

➡ 　　　　　　　　　　　　　　　　　　　　。

➡ 　　　　　　　　　　　　　　　　　　　　。

일본에서 31살이에요.

にほんで 31さいです。

1. 단어 써보기

かんこく 한국	かんこく	
にほん 일본	にほん	
ちゅうごく 중국	ちゅうごく	
アメリカ 미국	アメリカ	
イギリス 영국	イギリス	

2. 문장 써보기

1

フランスで　27さいです。

프랑스에서 27살입니다.

➡ フランスで 27さいです 　　　　　　　。

➡ 　　　　　　　　　　　　　　　　　　。

➡ 　　　　　　　　　　　　　　　　　　。

2

イギリスで　39さいです。

영국에서 39살입니다.

➡ イギリスで 39さいです 　　　　　　。

➡ 　　　　　　　　　　　　　　　　　　。

➡ 　　　　　　　　　　　　　　　　　　。

3

ちゅうごくで 45さいです。

중국에서 45살입니다.

➡ ちゅうごくで 45さいです 。

➡ _____ 。

➡ _____ 。

4

ベトナムで 52さいです。

베트남에서 52살입니다.

➡ ベトナムで 52さいです 。

➡ _____ 。

➡ _____ 。

오빠가 한 명 있어요.

あにが ひとり います。

1. 단어 써보기

あに 오빠/형	あに		
あね 언니/누나	あね		
いぬ 개	いぬ		
ねこ 고양이	ねこ		
くるま 자동차	くるま		

2. 문장 써보기

おとこのひとが よにん います。

남자가 네 명 있습니다.

⇢ おとこのひとが よにん います 　　　　　　　　。

⇢ ＿＿＿＿＿＿＿＿＿＿＿＿＿＿＿＿＿＿＿＿＿ 。

⇢ ＿＿＿＿＿＿＿＿＿＿＿＿＿＿＿＿＿＿＿＿＿ 。

いぬが いっぴき います。

개가 한 마리 있습니다.

⇢ いぬが いっぴき います 　　　　　　　　　　。

⇢ ＿＿＿＿＿＿＿＿＿＿＿＿＿＿＿＿＿＿＿＿＿ 。

⇢ ＿＿＿＿＿＿＿＿＿＿＿＿＿＿＿＿＿＿＿＿＿ 。

3

よていが あります。

예정이 있습니다.

➡ よていが あります 。

➡ _____ 。

➡ _____ 。

4

メッセージが あります。

메시지가 있습니다.

➡ メッセージが あります 。

➡ _____ 。

➡ _____ 。

59

1시는 어때요?

いちじは どうですか。

1. 단어 써보기

いま 지금	いま		
さいきん 요즘	さいきん		
きょう 오늘	きょう		
あした 내일	あした		
こんばん 오늘 밤	こんばん		

2. 문장 써보기

1

きょうは　どうですか。

오늘은 어떻습니까?

➡ きょうは　どうですか　　　　　　　　　　。

➡ _____。

➡ _____。

2

あしたは　どうですか。

내일은 어떻습니까?

➡ あしたは　どうですか　　　　　　　　　　。

➡ _____。

➡ _____。

3

あさっては どうですか。

모레는 어떻습니까?

➜ あさっては どうですか 。

➜ _____ 。

➜ _____ 。

4

こんばんは どうですか。

오늘 밤은 어떻습니까?

➜ こんばんは どうですか 。

➜ _____ 。

➜ _____ 。

12월 30일부터 1월 1일까지예요.

じゅうにがつ　さんじゅうにち
１２月　３０日から
いちがつ　ついたち
1月　1日までです。

1. 단어 써보기

| あさ
朝
아침 | あさ
朝 | |
| にほ... | | |

あさ
朝
아침

あさ
朝

よる
夜
밤

よる
夜

べんきょう
공부

べんきょう

げつ よう び
月曜日
월요일

げつようび
月曜日

にち よう び
日曜日
일요일

にちようび
日曜日

2. 문장 써보기

1

午前<ruby>ご</ruby>から 午後<ruby>ごご</ruby>まで 雨<ruby>あめ</ruby>です。

오전부터 오후까지 비입니다.

➡ 午前<ruby>ごぜん</ruby>から 午後<ruby>ごご</ruby>まで 雨<ruby>あめ</ruby>です 。

➡ _____ 。

➡ _____ 。

2

今日<ruby>きょう</ruby>から あさってまで 休<ruby>やす</ruby>みです。

오늘부터 모레까지 쉬는 날입니다.

➡ 今日<ruby>きょう</ruby>から あさってまで 休<ruby>やす</ruby>みです 。

➡ _____ 。

➡ _____ 。

3

今週から 来週まで セールです。
<small>こんしゅう</small>　　<small>らいしゅう</small>

이번 주부터 다음 주까지 세일입니다.

➡ 今週から 来週まで セールです 。
<small>こんしゅう</small>　　<small>らいしゅう</small>

➡ _____ 。

➡ _____ 。

4

今月から 来月まで イベントです。
<small>こん げつ</small>　　<small>らい げつ</small>

이번 달부터 다음 달까지 이벤트입니다.

➡ 今月から 来月まで イベントです 。
<small>こんげつ</small>　　<small>らいげつ</small>

➡ _____ 。

➡ _____ 。

어제는 쉬는 날이었어요.

<ruby>昨日<rt>きのう</rt></ruby>は <ruby>休<rt>やす</rt></ruby>みでした。

1. 단어 써보기

きのう **昨日** 어제	きのう 昨日		
こくはく **告白** 고백	こくはく 告白		
しっぱい **失敗** 실패	しっぱい 失敗		
で あ **出会い** 첫 만남	で あ 出会い		
しょく ば **職場** 직장	しょくば 職場		

2. 문장 써보기

1

日本は 雨でした。
にほん あめ

일본은 비였습니다.

➡ 日本は 雨でした 。
にほん あめ

➡ _____ 。

➡ _____ 。

2

お昼ごはんは おにぎりでした。
ひる

점심밥은 삼각김밥이었습니다.

➡ お昼ごはんは おにぎりでした 。
ひる

➡ _____ 。

➡ _____ 。

67

かばんは にせものでした。

가방은 모조품이었습니다.

⇒ かばんは にせものでした 　　　　　　　　　　 。

⇒ 　　　　　　　　　　　　　　　　　　　　　　　 。

⇒ 　　　　　　　　　　　　　　　　　　　　　　　 。

コンサートは 最高^{さい こう}でした。

콘서트는 최고였습니다.

⇒ コンサートは 最高^{さいこう}でした 　　　　　　 。

⇒ 　　　　　　　　　　　　　　　　　　　　　　　 。

⇒ 　　　　　　　　　　　　　　　　　　　　　　　 。

꽃미남이 아니었습니다.

イケメンじゃ ありませんでした。

1. 단어 써보기

かぜ 감기	かぜ		
みず 水 물	みず 水		
カフェ 카페	カフェ		
うわさ 소문	うわさ		
ほん もの 本物 진품	ほんもの 本物		

2. 문장 써보기

1

水<ruby>じゃ<rt>みず</rt></ruby> ありませんでした。

물이 아니었습니다.

➡ 水じゃ ありませんでした 。

➡ _____ 。

➡ _____ 。

2

カフェじゃ ありませんでした。

카페가 아니었습니다.

➡ カフェじゃ ありませんでした 。

➡ _____ 。

➡ _____ 。

3

うわさじゃ ありませんでした。

소문이 아니었습니다.

➡ うわさじゃ ありませんでした 。

➡ 。

➡ 。

4

本物じゃ ありませんでした。
ほん もの

진품이 아니었습니다.

➡ 本物じゃ ありませんでした 。
ほんもの

➡ 。

➡ 。

밤샘은 힘들어요.

オールは きついです。

1. 단어 써보기

きつい 힘들다	きつい		
いそが 忙しい 바쁘다	いそが 忙しい		
おも しろ 面白い 재미있다	おもしろ 面白い		
たの 楽しい 즐겁다	たの 楽しい		
むずか 難しい 어렵다	むずか 難しい		

2. 문장 써보기

1

今月は 忙しいです。

이달은 바쁩니다.

➡ 今月は 忙しいです 。

➡ ⎯⎯⎯⎯⎯⎯⎯⎯⎯⎯⎯⎯ 。

➡ ⎯⎯⎯⎯⎯⎯⎯⎯⎯⎯⎯⎯ 。

2

映画は 面白いです。

영화는 재미있습니다.

➡ 映画は 面白いです 。

➡ ⎯⎯⎯⎯⎯⎯⎯⎯⎯⎯⎯⎯ 。

➡ ⎯⎯⎯⎯⎯⎯⎯⎯⎯⎯⎯⎯ 。

3

にほんご たの
日本語は 楽しいです。

일본어는 즐겁습니다.

➡ 日本語は 楽しいです 。

➡ _____ 。

➡ _____ 。

4

こい むずか
恋は 難しいです。

사랑은 어렵습니다.

➡ 恋は 難しいです 。

➡ _____ 。

➡ _____ 。

74

아프지 않아요.

いた
痛く ありません。

1. 단어 써보기

いた 痛い 아프다	いた 痛い	
うれ 嬉しい 기쁘다	うれ 嬉しい	
さび 寂しい 외롭다	さび 寂しい	
ちか 近い 가깝다	ちか 近い	
とお 遠い 멀다	とお 遠い	

2. 문장 써보기

1

嬉^{うれ}しく ありません。

기쁘지 않습니다.

➜ 嬉^{うれ}しく ありません　　　　　　　　　　　。

➜ _____ 。

➜ _____ 。

2

寂^{さび}しく ありません。

외롭지 않습니다.

➜ 寂^{さび}しく ありません　　　　　　　　　　　。

➜ _____ 。

➜ _____ 。

3

近く ありません。
ちか

가깝지 않습니다.

➡ 近く ありません　　　　　　　　　　　　。
ちか

➡ 　　　　　　　　　　　　　　　　　　　　。

➡ 　　　　　　　　　　　　　　　　　　　　。

4

遠く ありません。
とお

멀지 않습니다.

➡ 遠く ありません　　　　　　　　　　　　。
とお

➡ 　　　　　　　　　　　　　　　　　　　　。

➡ 　　　　　　　　　　　　　　　　　　　　。

본책 125쪽 | 학습일 : 　월　　일

도쿄는 즐거웠어요.
東京は 楽しかったです。
とうきょう　　たの

1. 단어 써보기

たか 高い 비싸다, 높다	たか 高い		
すず 涼しい 선선하다	すず 涼しい		
さむ 寒い 춥다	さむ 寒い		
ちい 小さい 작다	ちい 小さい		
やさしい 상냥하다	やさしい		

78

2. 문장 써보기

1

朝は 涼しかったです。
<ruby>朝<rt>あさ</rt></ruby>は <ruby>涼<rt>すず</rt></ruby>しかったです。

아침은 선선했습니다.

➡ 朝は 涼しかったです 。

➡ _____ 。

➡ _____ 。

2

昨日は 寒かったです。
<ruby>昨日<rt>きのう</rt></ruby>は <ruby>寒<rt>さむ</rt></ruby>かったです。

어제는 추웠습니다.

➡ 昨日は 寒かったです 。

➡ _____ 。

➡ _____ 。

3

服は 小さかったです。

옷은 작았습니다.

→ 服は 小さかったです 。

→ _____ 。

→ _____ 。

4

彼は やさしかったです。

그는 상냥했습니다.

→ 彼は やさしかったです 。

→ _____ 。

→ _____ 。

본책 131쪽 | 학습일 :　　월　　일

닭갈비는 맵지 않았어요.

ダッカルビは 辛^{から}く ありませんでした。

1. 단어 써보기

から 辛い 맵다	から 辛い	
やす 安い 싸다	やす 安い	
すく 少ない 적다	すく 少ない	
あつ 厚い 두껍다	あつ 厚い	
よ 良い 좋다	よ 良い	

2. 문장 써보기

1

ケータイは 安<small>やす</small>く ありませんでした。

휴대폰은 싸지 않았습니다.

➡ ケータイは 安<small>やす</small>く ありませんでした 。

➡ _____ 。

➡ _____ 。

2

量<small>りょう</small>は 少<small>すく</small>なく ありませんでした。

양은 적지 않았습니다.

➡ 量<small>りょう</small>は 少<small>すく</small>なく ありませんでした 。

➡ _____ 。

➡ _____ 。

3

本は 厚く ありませんでした。

책은 두껍지 않았습니다.

➡ 本は 厚く ありませんでした 。

➡ _____ 。

➡ _____ 。

4

天気は 良く ありませんでした。

날씨는 좋지 않았습니다.

➡ 天気は 良く ありませんでした 。

➡ _____ 。

➡ _____ 。

귀여운 지갑이네요.

さい ふ
かわいい 財布ですね。

1. 단어 써보기

かわいい 귀엽다	かわいい		
つめ 冷たい 시원하다	つめ 冷たい		
あつ 熱い 뜨겁다	あつ 熱い		
あたら 新しい 새롭다	あたら 新しい		
ひろ 広い 넓다	ひろ 広い		

2. 문장 써보기

1

冷_{つめ}たい ジュースですね。

시원한 주스네요.

➡ 冷_{つめ}たい ジュースですね 。

➡ _____ 。

➡ _____ 。

2

熱_{あつ}い ラーメンですね。

뜨거운 라면이네요.

➡ 熱_{あつ}い ラーメンですね 。

➡ _____ 。

➡ _____ 。

3

新しい 車ですね。

새 차네요.

➡ 新しい 車ですね _____ 。

➡ _____ 。

➡ _____ 。

4

広い 部屋ですね。

넓은 방이네요.

➡ 広い 部屋ですね _____ 。

➡ _____ 。

➡ _____ 。

방은 넓고 싸요.

部屋は 広くて 安いです。
へ や　　　ひろ　　　　やす

1. 단어 써보기

おいしい 맛있다	おいしい
まずい 맛없다	まずい
暗い くら 어둡다	くら 暗い
危ない あぶ 위험하다	あぶ 危ない
つまらない 재미없다	つまらない

2. 문장 써보기

1

コーヒーは 濃^こくて おいしいです。

커피는 진하고 맛있습니다.

→ コーヒーは 濃^こくて おいしいです 。

→ 。

→ 。

2

スープは 薄^{うす}くて まずいです。

수프는 싱겁고 맛없습니다.

→ スープは 薄^{うす}くて まずいです 。

→ 。

→ 。

3

夜道_{よみち}は 暗_{くら}くて 危_{あぶ}ないです。

밤길은 어둡고 위험합니다.

➡ 夜道_{よみち}は 暗_{くら}くて 危_{あぶ}ないです 。

➡ _____ 。

➡ _____ 。

4

漢字_{かんじ}は 難_{むずか}しくて つまらないです。

한자는 어렵고 재미없습니다.

➡ 漢字_{かんじ}は 難_{むずか}しくて つまらないです 。

➡ _____ 。

➡ _____ 。

잘생긴 사람을 좋아해요.

^{ひと}　^す
かっこいい 人が 好きです。

1. 단어 써보기

^す好きだ 좋아하다	^す 好きだ		
^{きら}嫌いだ 싫어하다	^{きら} 嫌いだ		
^{じょう ず}上手だ 잘하다	じょう ず 上手だ		
^{へ た}下手だ 못하다	へ た 下手だ		
^{とく い}得意だ 잘하다	とく い 得意だ		

2. 문장 써보기

1

片付けが 嫌いです。
かた　づ　　　　きら

정리를 싫어합니다.

➡ 片付けが 嫌いです　　　　　　　　　　　。
　かた　づ　　　きら

➡ _____ 。

➡ _____ 。

2

歌が 上手です。
うた　　じょう ず

노래를 잘합니다.

➡ 歌が 上手です　　　　　　　　　　　　　。
　うた　じょう ず

➡ _____ 。

➡ _____ 。

3

説明が 下手です。
せつめい　へた

설명을 못합니다.

➡ 説明が 下手です　　　　　　　　　　　　　　　。
せつめい　へた

➡ 　　　　　　　　　　　　　　　　　　　　　　。

➡ 　　　　　　　　　　　　　　　　　　　　　　。

4

英語が 得意です。
えい ご　とく い

영어를 잘합니다.

➡ 英語が 得意です　　　　　　　　　　　　　　　。
えい ご　とく い

➡ 　　　　　　　　　　　　　　　　　　　　　　。

➡ 　　　　　　　　　　　　　　　　　　　　　　。

공포 영화는 좋아하지 않아요.

ホラー映画は 好きじゃ ありません。

1. 단어 써보기

真面目だ 성실하다	まじめ 真面目だ	
暇だ 한가하다	ひま 暇だ	
楽だ 편하다	らく 楽だ	
有名だ 유명하다	ゆうめい 有名だ	
苦手だ 잘 못하다, 서투르다	にがて 苦手だ	

2. 문장 써보기

1

せいかく　　まじめ
性格は 真面目じゃ ありません。

성격은 성실하지 않습니다.

せいかく　　まじめ
→ 性格は 真面目じゃ ありません 。

→ _____ 。

→ _____ 。

2

きょう　　ひま
今日は 暇じゃ ありません。

오늘은 한가하지 않습니다.

きょう　　ひま
→ 今日は 暇じゃ ありません 。

→ _____ 。

→ _____ 。

3

一人暮らしは 楽じゃ ありません。
ひとり　ぐ　　　　　　らく

자취는 편하지 않습니다.

➡ 一人暮らしは 楽じゃ ありません 。
　ひとり　ぐ　　　　　らく

➡ _____ 。

➡ _____ 。

4

それは 有名じゃ ありません。
　　　　ゆう めい

그것은 유명하지 않습니다.

➡ それは 有名じゃ ありません 。
　　　　ゆうめい

➡ _____ 。

➡ _____ 。

디즈니랜드는 힘들었어요.

ディズニーランドは 大変^{たいへん}でした。

1. 단어 써보기

大変^{たい へん}だ 힘들다	たいへん 大変だ	
親切^{しん せつ}だ 친절하다	しんせつ 親切だ	
必要^{ひつ よう}だ 필요하다	ひつよう 必要だ	
簡単^{かん たん}だ 간단하다	かんたん 簡単だ	
無理^{む り}だ 무리이다	むり 無理だ	

2. 문장 써보기

1

かけひきは 必要でした。

밀당은 필요했습니다.

➡ かけひきは 必要でした 。

➡ 。

➡ 。

2

ログインは 簡単でした。

로그인은 간단했습니다.

➡ ログインは 簡単でした 。

➡ 。

➡ 。

97

3

貯金は　無理でした。

저금은 무리였습니다.

➡ 貯金は　無理でした 。

➡ _____ 。

➡ _____ 。

4

残業は　当たり前でした。

잔업은 당연했습니다.

➡ 残業は　当たり前でした 。

➡ _____ 。

➡ _____ 。

처음에는 좋아하지 않았어요.

最初は 好きじゃ ありませんでした。

1. 단어 써보기

| さいしょ | | |

| ハンサムだ
잘생기다 | ハンサムだ | |

| む　だ
無駄だ
헛되다, 쓸데없다 | む　だ
無駄だ | |

| じゅう　ぶん
十分だ
충분하다 | じゅうぶん
十分だ | |

| いやだ
싫어하다 | いやだ | |

| ふく　ざつ
複雑だ
복잡하다 | ふくざつ
複雑だ | |

2. 문장 써보기

1

時間は 十分じゃ ありませんでした。

시간은 충분하지 않았습니다.

➡ 時間は 十分じゃ ありませんでした 。

➡ 　　　　　　　　　　　　　　　　　　 。

➡ 　　　　　　　　　　　　　　　　　　 。

2

初めは 上手じゃ ありませんでした。

처음에는 잘하지 않았습니다.

➡ 初めは 上手じゃ ありませんでした 。

➡ 　　　　　　　　　　　　　　　　　　 。

➡ 　　　　　　　　　　　　　　　　　　 。

3

その 時（とき）は いやじゃ ありませんでした。

그때는 싫어하지 않았습니다.

➡ その 時（とき）は いやじゃ ありませんでした。

➡ _____ 。

➡ _____ 。

4

ルールは 複雑（ふくざつ）じゃ ありませんでした。

규칙은 복잡하지 않았습니다.

➡ ルールは 複雑（ふくざつ）じゃ ありませんでした 。

➡ _____ 。

➡ _____ 。

Unit 21

이상한 회사예요.

^{へん} ^{かいしゃ}
変な 会社です。

1. 단어 써보기

변だ へん **変だ** 이상하다	へん 変だ	
たいせつ **大切だ** 중요하다	たいせつ 大切だ	
べん り **便利だ** 편리하다	べんり 便利だ	
しん せん **新鮮だ** 신선하다	しんせん 新鮮だ	
きれいだ 예쁘다, 깨끗하다	きれいだ	

2. 문장 써보기

1

新鮮な 果物です。
しん せん　　くだ もの

신선한 과일입니다.

➡ 新鮮な 果物です 。
しんせん　　くだもの

➡ 　　　　　　　　　　　　　　　　　　　　　　　　 。

➡ 　　　　　　　　　　　　　　　　　　　　　　　　 。

2

きれいな 字です。
じ

예쁜 글씨입니다.

➡ きれいな 字です 。
じ

➡ 　　　　　　　　　　　　　　　　　　　　　　　　 。

➡ 　　　　　　　　　　　　　　　　　　　　　　　　 。

3

複雑な 気持ちです。

복잡한 기분입니다.

➜ 複雑な 気持ちです 。

➜ _____ 。

➜ _____ 。

4

有名な 場所です。

유명한 장소입니다.

➜ 有名な 場所です 。

➜ _____ 。

➜ _____ 。

미소가 멋지고 상냥해요.

えがお　すてき　やさ
笑顔が 素敵で 優しいです。

1. 단어 써보기

すてき **素敵だ** 멋지다	すてき 素敵だ
しあわ **幸せだ** 행복하다	しあわ 幸せだ
にぎやかだ 활기차다	にぎやかだ
げんき **元気だ** 건강하다	げんき 元気だ
あか **明るい** 밝다	あか 明るい

2. 문장 써보기

1

<ruby>使<rt>つか</rt></ruby>い<ruby>方<rt>かた</rt></ruby>が <ruby>簡単<rt>かん たん</rt></ruby>で <ruby>便利<rt>べん り</rt></ruby>です。

사용법이 간단하고 편리합니다.

➡ <ruby>使<rt>つか</rt></ruby>い<ruby>方<rt>かた</rt></ruby>が <ruby>簡単<rt>かんたん</rt></ruby>で <ruby>便利<rt>べんり</rt></ruby>です 。

➡ 　　　　　　　　　　　　　　　　　　　　　　　　 。

➡ 　　　　　　　　　　　　　　　　　　　　　　　　 。

2

<ruby>時間<rt>じ かん</rt></ruby>が <ruby>無駄<rt>む だ</rt></ruby>で もったいないです。

시간이 쓸데없고 아깝습니다.

➡ <ruby>時間<rt>じ かん</rt></ruby>が <ruby>無駄<rt>む だ</rt></ruby>で もったいないです 。

➡ 　　　　　　　　　　　　　　　　　　　　　　　　 。

➡ 　　　　　　　　　　　　　　　　　　　　　　　　 。

106

3

街が きれいで にぎやかです。

거리가 예쁘고 활기찹니다.

➡ 街が きれいで にぎやかです 。

➡ _____ 。

➡ _____ 。

4

犬が 元気で 明るいです。

개가 건강하고 밝습니다.

➡ 犬が 元気で 明るいです 。

➡ _____ 。

➡ _____ 。

맛있는 라면집을 소개할게.

おいしい ラーメン屋さんを 紹介する。

<small>や</small>　<small>しょうかい</small>

1. 단어 써보기

買う <small>か</small> 사다	か 買う	
食べる <small>た</small> 먹다	た 食べる	
読む <small>よ</small> 읽다	よ 読む	
見る <small>み</small> 보다	み 見る	
書く <small>か</small> 쓰다	か 書く	

2. 문장 써보기

1

ご飯を 食べる。

밥을 먹다.

→ ご飯を 食べる　　　　　　　　　　　　　。

→ 　　　　　　　　　　　　　　　　　　　　。

→ 　　　　　　　　　　　　　　　　　　　　。

2

マンガを 読む。

만화를 읽다.

→ マンガを 読む　　　　　　　　　　　　　。

→ 　　　　　　　　　　　　　　　　　　　　。

→ 　　　　　　　　　　　　　　　　　　　　。

3

ドラマを 見^みる。

드라마를 보다.

ドラマを 見^みる 。

_____ 。

_____ 。

4

名前^{な まえ}を 書^かく。

이름을 쓰다.

名前^{な まえ}を 書^かく 。

_____ 。

_____ 。

택시를 부를게요.

タクシーを 呼^よびます。

1. 단어 써보기

^{あら}洗う 씻다	^{あら} 洗う		
^う受ける 받다, 보다	^う 受ける		
^で出る 나가다	^で 出る		
^す捨てる 버리다	^す 捨てる		
^ま待つ 기다리다	^ま 待つ		

111

2. 문장 써보기

1

ごみを 捨^すてます。

쓰레기를 버립니다.

➡ ごみを 捨^すてます 。

➡ _____ 。

➡ _____ 。

2

車^{くるま}を 運転^{うんてん}します。

차를 운전합니다.

➡ 車^{くるま}を 運転^{うんてん}します 。

➡ _____ 。

➡ _____ 。

3

バイクを 買^かいます。

오토바이를 삽니다.

➡ バイクを 買^かいます _____ 。

➡ _____ 。

➡ _____ 。

4

バスを 待^まちます。

버스를 기다립니다.

➡ バスを 待^まちます _____ 。

➡ _____ 。

➡ _____ 。

113

저녁밥은 먹지 않아요.

ゆうしょく　　た
夕食は　食べません。

1. 단어 써보기

い **要る** 필요하다	い 要る		
あ **開ける** 열다	あ 開ける		
べんきょう **勉強する** 공부하다	べんきょう 勉強する		
す **吸う** 들이마시다	す 吸う		
の **飲む** 마시다	の 飲む		

2. 문장 써보기

1

日本語は 勉強しません。
にほんご べんきょう

일본어는 공부하지 않습니다.

➡ 日本語は 勉強しません 。
にほんご べんきょう

➡ _____ 。

➡ _____ 。

2

タバコは 吸いません。
す

담배는 피우지 않습니다.

➡ タバコは 吸いません 。
す

➡ _____ 。

➡ _____ 。

3

お酒は 飲みません。

술은 마시지 않습니다.

➡ お酒は 飲みません 。

➡ _____ 。

➡ _____ 。

4

ユーチューブは 見ません。

유튜브는 보지 않습니다.

➡ ユーチューブは 見ません 。

➡ _____ 。

➡ _____ 。

방 청소를 했어요.

部屋の 掃除を しました。

1. 단어 써보기

あそ 遊ぶ 놀다	あそ 遊ぶ		
잇다	わす 忘れる		
わす 忘れる 잇다	わす		
つく 作る 만들다	つく 作る		
あ 浴びる 뒤집어쓰다	あ 浴びる		
かける 걸다	かける		

117

2. 문장 써보기

1

うそを つきました。

거짓말을 했습니다.

→ うそを つきました 。

→ _____ 。

→ _____ 。

2

りょうり　つく
料理を 作りました。

요리를 만들었습니다.

りょうり　つく
→ 料理を 作りました 。

→ _____ 。

→ _____ 。

3

シャワーを 浴^あびました。

샤워를 했습니다.

➡ シャワーを 浴^あびました ○

➡ ＿＿＿＿＿＿＿＿＿＿＿＿＿＿ ○

➡ ＿＿＿＿＿＿＿＿＿＿＿＿＿＿ ○

4

電話^{でんわ}を かけました。

전화를 걸었습니다.

➡ 電話^{でんわ}を かけました ○

➡ ＿＿＿＿＿＿＿＿＿＿＿＿＿＿ ○

➡ ＿＿＿＿＿＿＿＿＿＿＿＿＿＿ ○

본책 225쪽 | 학습일 : 월 일

관심이 없었어요.

興味が ありませんでした。
（きょう み）

1. 단어 써보기

聞こえる （き） 들리다	き 聞こえる	
届く （とど） 닿다, 도달하다	とど 届く	
見える （み） 보이다	み 見える	
動く （うご） 움직이다	うご 動く	
終わる （お） 끝나다	お 終わる	

2. 문장 써보기

1

メッセージが 届^{とど}きませんでした。

메시지가 오지 않았습니다.

➡ メッセージが 届^{とど}きませんでした 。

➡ _____ 。

➡ _____ 。

2

字^じが 見^みえませんでした。

글자가 보이지 않았습니다.

➡ 字^じが 見^みえませんでした 。

➡ _____ 。

➡ _____ 。

3

電車が 動きませんでした。

전철이 움직이지 않았습니다.

➡ 電車が 動きませんでした 。

➡ _____ 。

➡ _____ 。

4

仕事が 終わりませんでした。

일이 끝나지 않았습니다.

➡ 仕事が 終わりませんでした 。

➡ _____ 。

➡ _____ 。

파티에 안 올래?

パーティーに 来^こない？

1. 단어 써보기

来る 오다	^く 来る		
行く 가다	^い 行く		
参加する 참가하다	さん か 参加する		
通う 다니다	かよ 通う		
帰る 돌아가다	かえ 帰る		

2. 문장 써보기

1

デパートに 行^いかない。

백화점에 가지 않다.

➜ デパートに 行^いかない 。

➜ _____ 。

➜ _____ 。

2

会議^{かいぎ}に 参加^{さんか}しない。

회의에 참가하지 않다.

➜ 会議^{かいぎ}に 参加^{さんか}しない 。

➜ _____ 。

➜ _____ 。

3

ジムに 通^{かよ}わない。

헬스장에 다니지 않다.

➜ ジムに 通^{かよ}わない ○

➜ _____ ○

➜ _____ ○

4

家^{いえ}に 帰^{かえ}らない。

집에 돌아가지 않다.

➜ 家^{いえ}に 帰^{かえ}らない ○

➜ _____ ○

➜ _____ ○

사진을 찍었어.

しゃしん　　　　と
写真を 撮った。

1. 단어 써보기

と **撮る** 찍다	と 撮る		
おく **送る** 보내다	おく 送る		
おし **教える** 가르치다	おし 教える		
ちょ きん **貯金する** 저금하다	ちょきん 貯金する		
み が **磨く** 닦다	みが 磨く		

2. 문장 써보기

1

単語を 覚えた。
たん ご　　　おぼ

단어를 외웠다.

→ 単語を 覚えた 。
　たん ご　　　おぼ

→ 　　　　　　　　　　　　　　　　　　　　。

→ 　　　　　　　　　　　　　　　　　　　　。

2

新聞を 読んだ。
しん ぶん　　　よ

신문을 읽었다.

→ 新聞を 読んだ 。
　しんぶん　　　よ

→ 　　　　　　　　　　　　　　　　　　　　。

→ 　　　　　　　　　　　　　　　　　　　　。

3

歯を 磨いた。

이를 닦았다.

➡ 歯を 磨いた _____ 。

➡ _____ 。

➡ _____ 。

4

夢を 見た。

꿈을 꾸었다.

➡ 夢を 見た _____ 。

➡ _____ 。

➡ _____ 。

그와 만나서 이렇게 되었어요.

かれ　　あ
彼と 会って こうなりました。

1. 단어 써보기

あ **会う** 만나다	あ 会う	
か **借りる** 빌리다	か 借りる	
かん どう **感動する** 감동하다	かんどう 感動する	
ね **寝る** 자다	ね 寝る	
ほす 말리다	ほす	

2. 문장 써보기

1

ケーキを　買^かって　お祝^{いわ}いしました。

케이크를 사서 축하했습니다.

➡ ケーキを　買^かって　お祝^{いわ}いしました 。

➡ _____ 。

➡ _____ 。

2

カフェに　行^いって　勉強^{べんきょう}しました。

카페에 가서 공부했습니다.

➡ カフェに　行^いって　勉強^{べんきょう}しました 。

➡ _____ 。

➡ _____ 。

3

映画を　見て　寝ました。

영화를 보고 잤습니다.

➡ 映画を　見て　寝ました _____ 。

➡ _____ 。

➡ _____ 。

4

洗濯を　して　ほしました。

세탁을 하고 말렸습니다.

➡ 洗濯を　して　ほしました _____ 。

➡ _____ 。

➡ _____ 。

131

일본어 공부,
함께 시작해요!